本書の特色と使い方

手書きプリント 一日一ページの学習

どの子にも、確実に高い国語力が身につきます。

各社の教科書の構成や指導方法を研究して、良質の問題が掲載されています。一日一ページでよいので、集中して学習しましょう。やり終えた後はすぐに○つけをして、できなかった問題は、どう間違えたのかを考えながらやり直すと、高い国語力が確実に身につきます。

物語・説明文教材

各社の教科書の物語や、説明文教材の問題を多数掲載。抜群の読解力がつきます。

今、お子様が学校で使われている教科書の教材以外に、他の教科書の教材もたくさん掲載されています。本書では、学校で習わない教材（他の地域の学校では習っている）を実力問題として学習できるので、真に高い読解力を身につけることができます。

ことば・文法教材

豊かなことばの力と、すじみちをたてて考える力がつきます。

５社の小学校国語教科書の、ことば教材と文法教材の内容や指導方法を研究して、精選された問題が掲載されています。学校での学習進度に合わせて、このプリントをご活用ください。今お使いの教科書には掲載されていない内容の問題（他の地域の学校では習っている）もありますので、実力問題としてチャレンジしてみてください。

豊かなイラスト

子どもたちを確実に、国語好きにさせます。

どのページにも、子どもたちのイマジネーションをふくらませる、豊富なイラストが掲載されています。楽しく学習しているうちに、自然にぐんぐん力がついていきます。

※お家の方や先生方へ

本書ｐ88～ｐ96の解答例は、あくまで一つの解答例です。国語の教材は、子どもによってイメージの仕方や、問題の受け止め方がいろいろあり、これだけが正解ということは絶対にありません。子どもの表現が少々違っていても、文意があっていれば必ず○をしてあげてください。あくまで子どもの考えに寄りそった○つけをお願い致します。

改訂版 豊かな読解力がつく 国語プリント

一年生 もくじ

ただしい しせい
えんぴつの もちかた・うんぴつ……3
ひらがな 一覧表……4
ひらがな……6
ちいさい「っ」……12
《力だめし》ちいさい「っ」……14
【物語】「はなの みち」……15
ぶんを つくろう（うごきことば）……16
ぶんを つくろう（ようすことば）……18
ながい おと（あだん・いだん）……20
ながい おと（うだん・えだん）……21
ながい おと（おだん）……22
とくべつな ながい おと……23
《力だめし》ながい おと……24
【説明文】「くちばし」……26
くっつきの「は」……27
くっつきの「を」……29
くっつきの「へ」……31
くっつきの「の・と・が・に・で」……33
《力だめし》くっつき……35
ちいさい「ゃ・ゅ・ょ」……38
ねじれた ながい おと……39
ねじれて つまる おと……41
《力だめし》ちいさい「ゃ・ゅ・ょ」つまる おと……42
【物語】「おむすび ころりん」……43
【説明文】「いきものの あし」……44
【物語】「おおきな かぶ」（さいごう たけひこ やく）……45
【物語】「おおきな かぶ」（うちだ りさこ やく）……47
【物語】「ゆうだち」……50
【説明文】「みいつけた」……52
カタカナ 一覧表……53
カタカナ……55
《力だめし》カタカナ……62
【物語】「くじらぐも」……64
【説明文】「じどう車くらべ」……66
日づけと ようび……68
【物語】「ずうっと、ずっと、大すきだよ」……70
【物語】「サラダで げんき」……72
【説明文】「いろいろな ふね」……74
【詩】「てんとうむし」……76
かたちの にて いる かん字……77
【説明文】「ものの 名まえ」……78
【物語】「たぬきの 糸車」……80
かん字あそび……82
【物語】「ろくべえ まってろよ」……83
【説明文】「どうぶつの 赤ちゃん」……85
かん字あそび……87

しあげましょう。（せんひき・いろぬり）

えんぴつの　もちかた

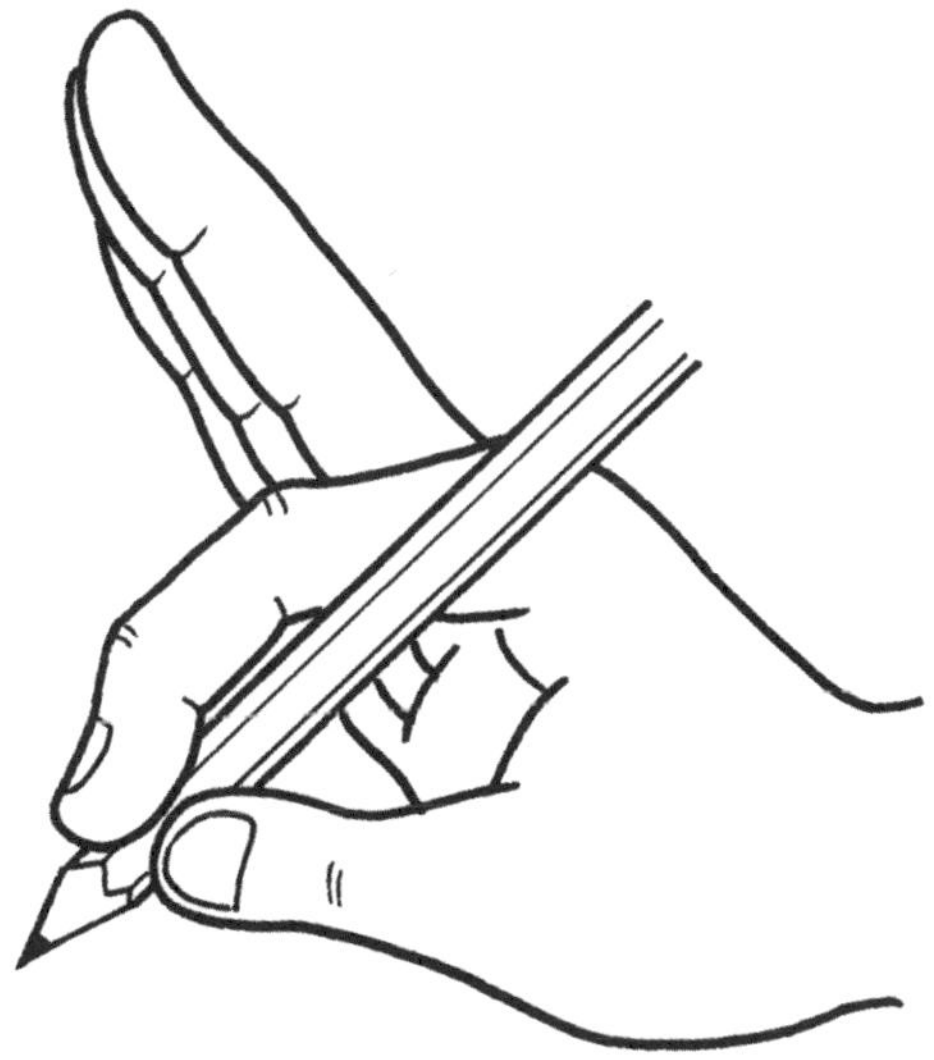

ただしい　しせい

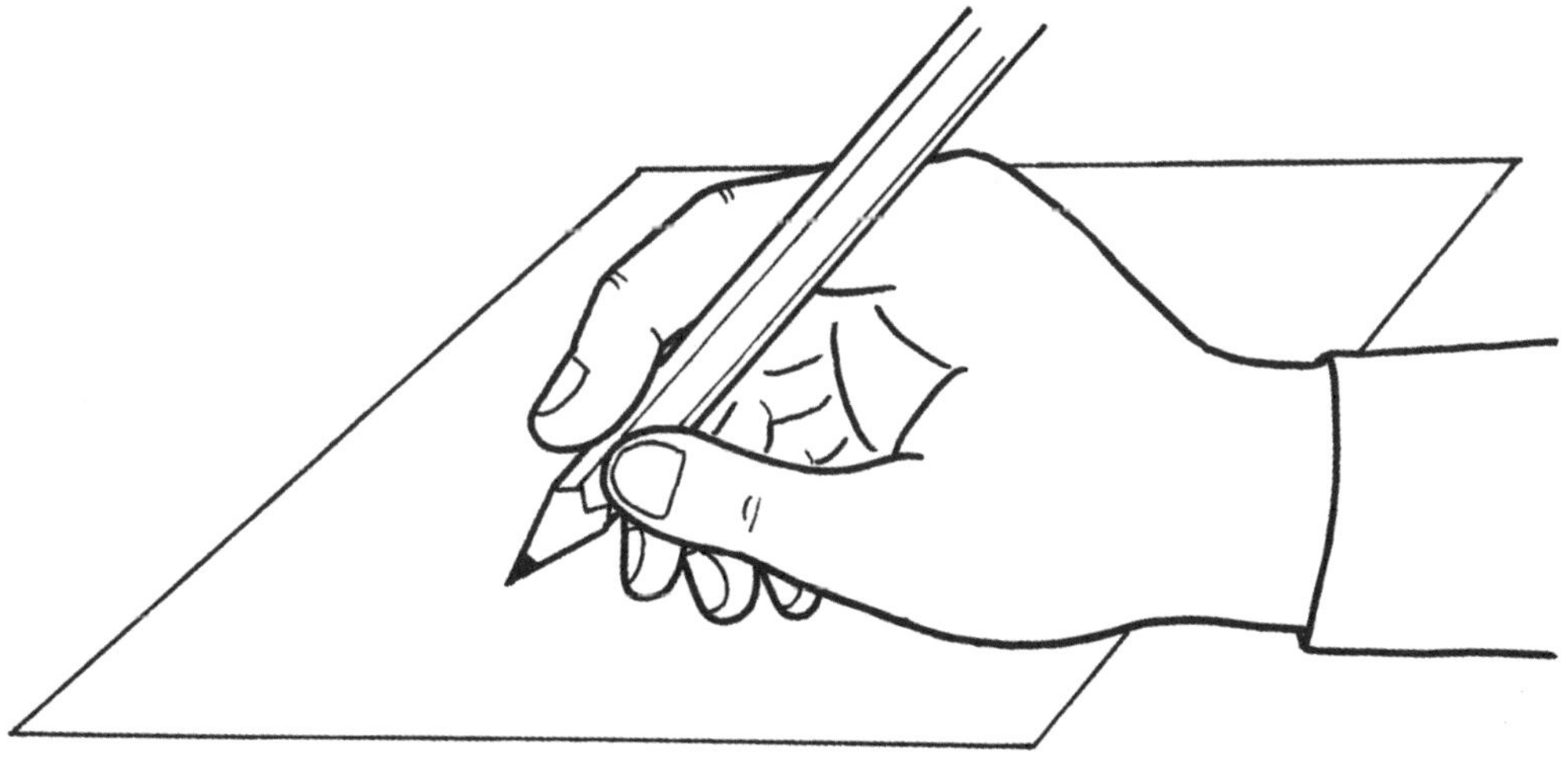

わ	ら	や	ま	は	な	た	さ	か	あ
ん	り	い	み	ひ	に	ち	し	き	い
	る	ゆ	む	ふ	ぬ	つ	す	く	う
を	れ	え	め	へ	ね	て	せ	け	え
	ろ	よ	も	ほ	の	と	そ	こ	お

が ぎ ぐ げ ご
ざ じ ず ぜ ぞ
だ ぢ づ で ど
ば び ぶ べ ぼ
ぱ ぴ ぷ ぺ ぽ
きゃ きゅ きょ ぎゃ ぎゅ ぎょ
しゃ しゅ しょ じゃ じゅ じょ
ちゃ ちゅ ちょ ぢゃ ぢゅ ぢょ
にゃ にゅ にょ
ひゃ ひゅ ひょ びゃ びゅ びょ ぴゃ ぴゅ ぴょ
みゃ みゅ みょ
りゃ りゅ りょ

ひらがな (1)

がっこうには　どんな　ものが　あるかな。なまえを　かきましょう。

なまえ

ひらがな (2)

なまえ

おうちの　なかには　どんな　ものが　あるかな。なまえを　かきましょう。

ひらがな (3)

どうぶつの なまえを かきましょう。

なまえ

ひらがな

(4)

なまえ

うみに　いる　いきものの　なまえを　かきましょう。

か　た　え　ひ　い　く　と

ふじつぼ
ひとで
かに
やどかり
かい
かめ
いそぎんちゃく
さんご
ねったいぎょ
うに
たつのおとしご

ひらがな

(5)

むしの　なまえを　かきましょう。

なまえ

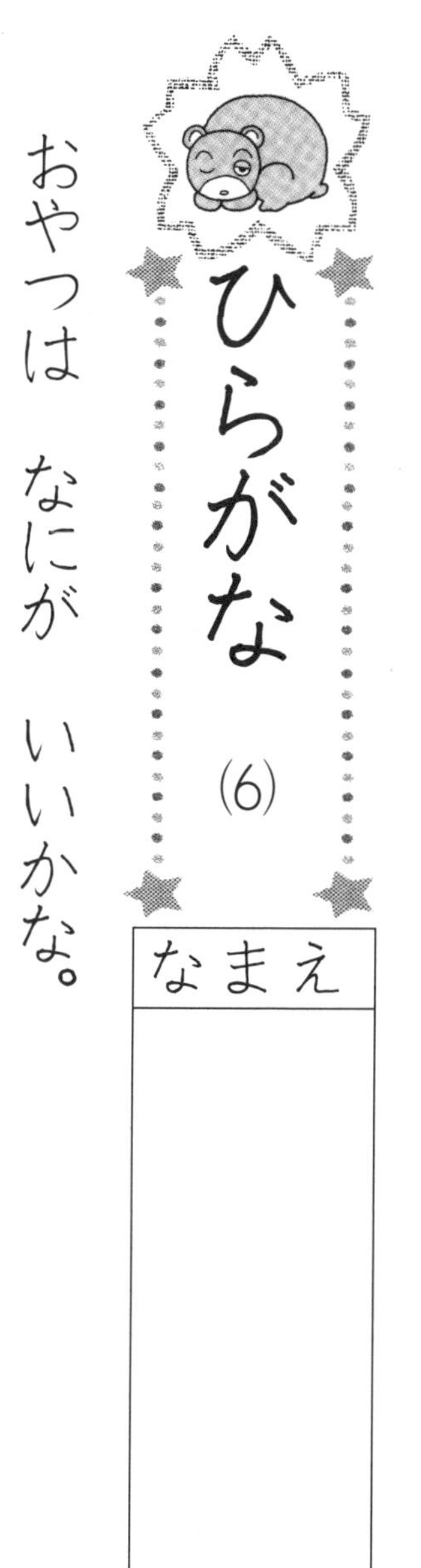

おやつは　なにが　いいかな。
くだものや　おかしの　なまえを　かきましょう。

も　び　い　み　ぶ　せ　さ

なし
りんご
かき
くり
やきいも
ぎゅうにゅう
MILK
おにぎり
かんづめ
だんご
まんじゅう
あめ

ちいさい「っ」(1)

なまえ

えを　みて　ひらがなで　ことばを　かきましょう。

ちいさい「っ」(2)

なまえ

えを　みて　ひらがなで　ことばを　かきましょう。

力だめし

ちいさい「っ」

/100

なまえ

(1) えを　みて　ひらがなで　ことばを　かきましょう。（10×8）

ば
き 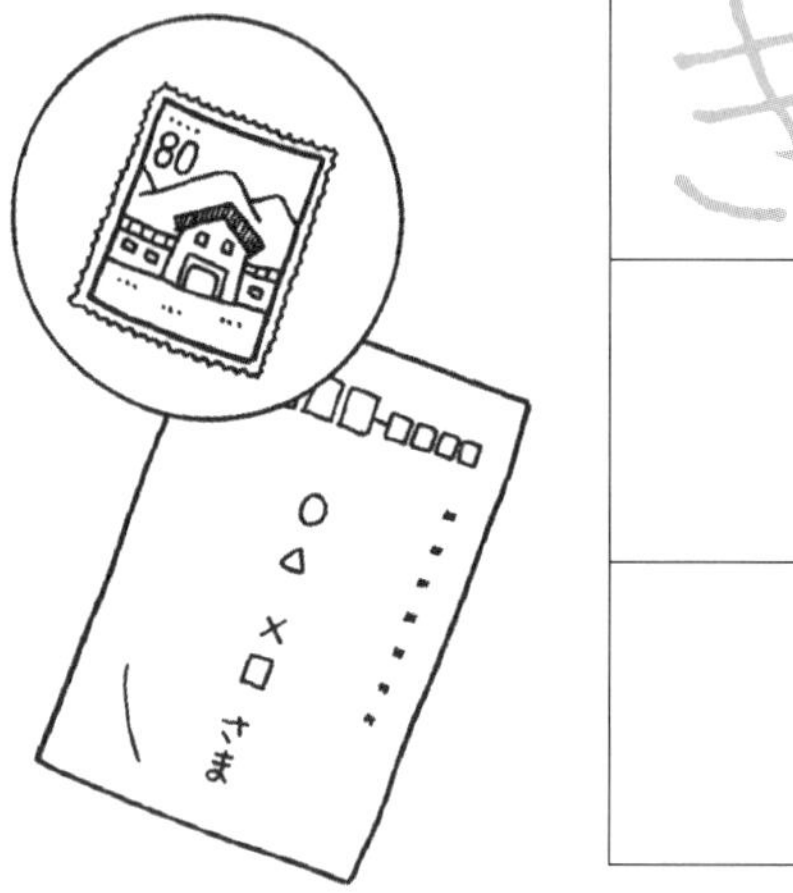
も 
ら 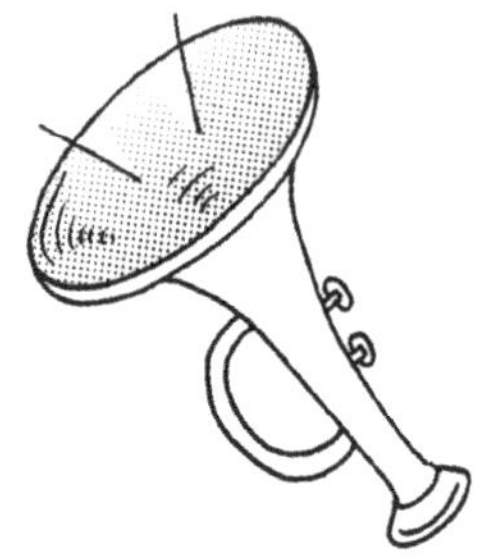
ね 
せ 
お 
に 

(2) つぎの　ことばを　ただしく　かきなおしましょう。（5×4）

なつとう

かつぱ

てつぽう

しつぽ

はなの みち

なまえ

くまさんが、
ふくろを　みつけました。
「おや、なにかな。
いっぱい
はいって　いる。」

くまさんが、
ともだちの
りすさんに、
ききに　いきました。

くまさんが、
ふくろを　あけました。
なにも　ありません。
「しまった。
あなが　あいて　いた。」

あたたかい　かぜが
ふきはじめました。
ながい　ながい、
はなの
いっぽんみちが
できました。

（平成二十三年度版　光村図書　こくご一年（上）　かざぐるま　おか　のぶこ）

うえの　ぶんを　よんで　こたえましょう。

(1) くまさんは　なにを　みつけましたか。 ⑳

（　　　　　　）

(2) くまさんは　だれに　ききに　いきましたか。 ⑳

（　　　　　　）

(3) くまさんは　なにを　ききに　いったのでしょう。 ⑳

（　　　　　　）

(4) ふくろの　なかに　なにも　なかったのは　どうして　ですか。 ⑳

（　　　　　　）

(5) どうして　ながい　ながい、はなの　いっぽんみちが　できたのでしょう。 ⑳

（　　　　　　）

ぶんを つくろう「うごきことば」(1)

なまえ

えを みて ぶんを つくりましょう。

とりが とぶ。

はを

ふくを

かいを

やまに

ゆきが

いすに

ぶんを つくろう「うごきことば」(2)

なまえ

えを みて ぶんを つくりましょう。

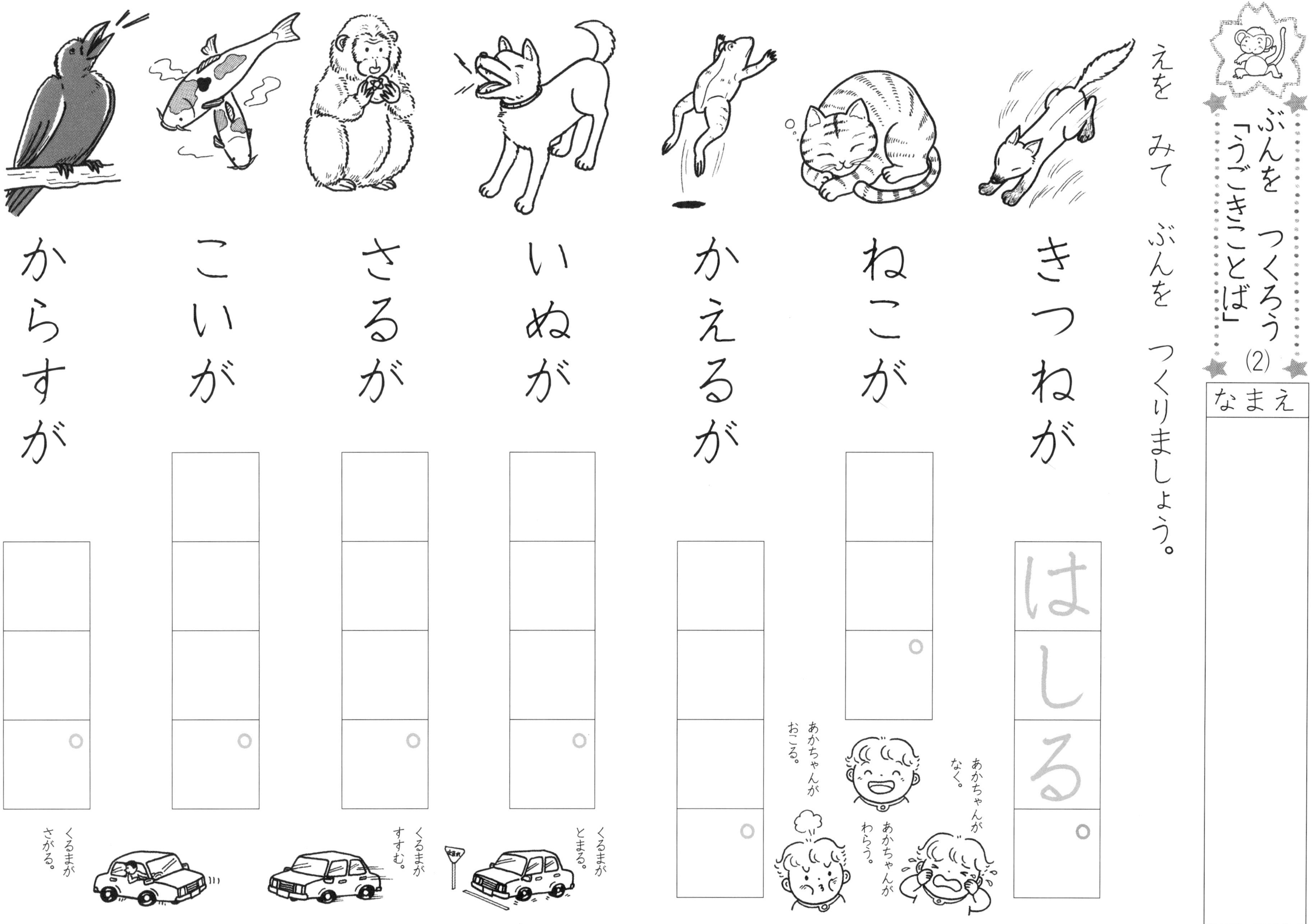

きつねが はしる。

ねこが 　　　　。

かえるが 　　　　。

いぬが 　　　　。

さるが 　　　　。

こいが 　　　　。

からすが 　　　　。

ぶんを つくろう「ようすことば」(1)

なまえ

えを みて ようすことばを かきましょう。

うどん

うどん

やま

やま

き

き

かばん

かばん

ぶんを つくろう「ようすことば」(2)

なまえ

えを みて ようすことばを かきましょう。

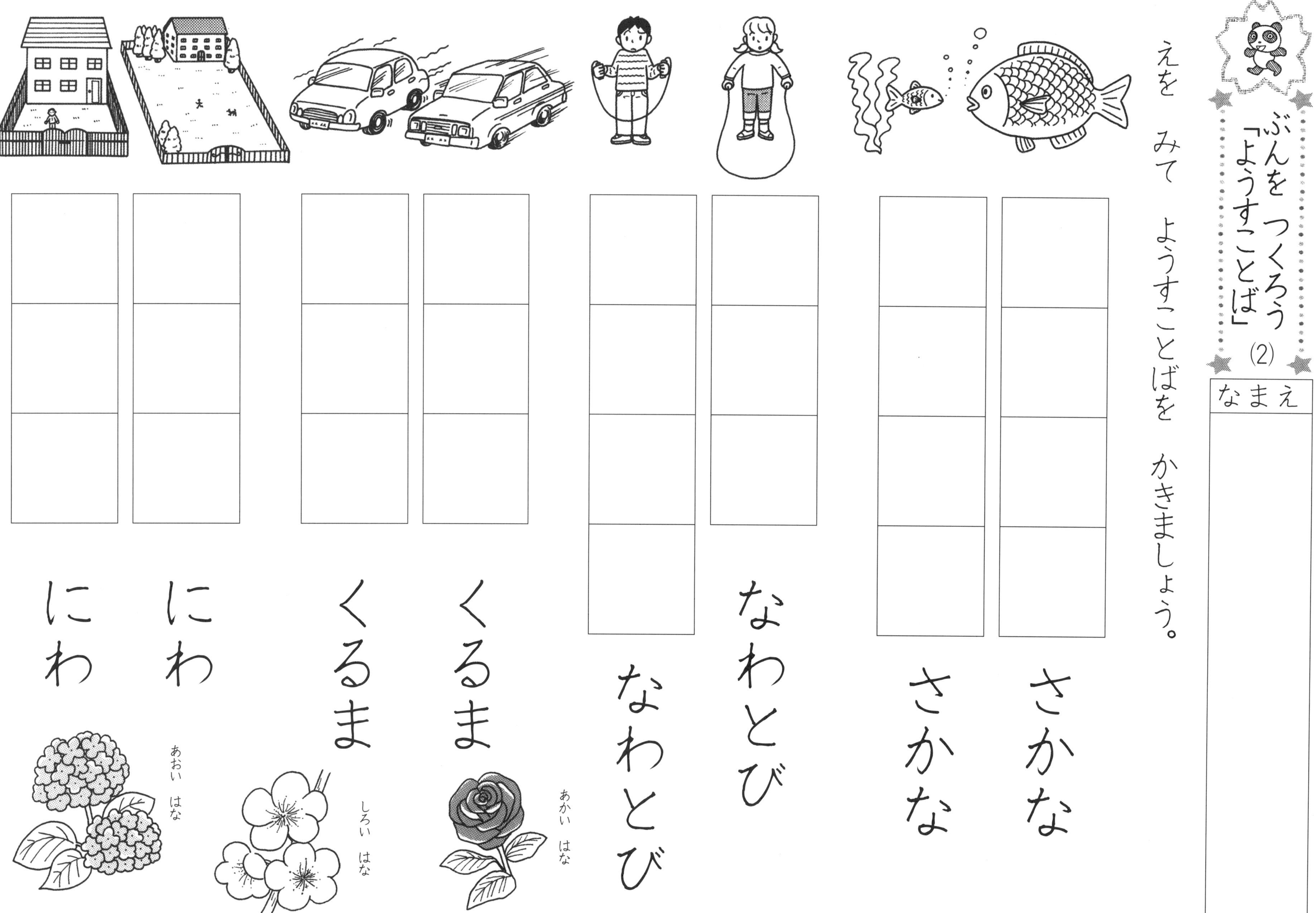

さかな

さかな

なわとび

なわとび

くるま

くるま

にわ

にわ

ながい おと（あだん いだん）

なまえ

えに あう ことばを かきましょう。

ながい おと
うだん えだん

なまえ

えに あう ことばを かきましょう。

ながい おと（おだん）
なまえ
えに あう ことばを かきましょう。
ぞ
ぼ
と
そ
ふ
ひ
おと
ほどうきょう
どうろ
しんごうき
こうさてん
こうてい
こうしゃ
がっこう
のぼりぼう
てつぼう
どうろ ひょうしき
Zぎんこう
ぎんこう
おうだん ほどう

とくべつな ながい おと

なまえ

えに あう ことばを かきましょう。

とおくの
おおきな
こおりのうえを
おおくの
おおかみ
とおずつ
とおる

カだめし

ながい おと(1)

100

なまえ

(1) えを みて ひらがなで ことばを かきましょう。(8×10)

し

ふ

ぱ

て

そ

ぐ

おに

おじ

おね

おば

(2) えに あう ことばは どちらでしょう。[ ]の もじの ただしい ほうを ○で かこみましょう。(5×4)

ぼ[うお]し

ほ[おう]たい

こ[おう]ろぎ

すいと[うお]

力だめし

ながい おと(2)

/100

なまえ

(1) えを みて ひらがなで ことばを かきましょう。(8×8)

(2) えを みて □に あう もじを かきましょう。(6×6)

くちばし

なまえ

さきが
するどく　とがった
くちばしです。
これは、なんの
くちばしでしょう。

これは、きつつきの
くちばしです。
きつつきは、
とがった　くちばしで、
きに　あなを　あけます。
そして、きの　なかに
いる　むしを　たべます。

ふとくて、
さきが　まがった
くちばしです。
これは、なんの
くちばしでしょう。

これは、おうむの
くちばしです。
おうむは、まがった
くちばしの　さきで、
かたい　たねの
からを　わります。
そして、なかの　みを
たべます。

（平成二十三年度版　光村図書　こくご一年（上）　かざぐるま　むらた　こういち）

うえの　ぶんを　よんで　こたえましょう。（(1)(3)(4)各20）

(1) きつつきの　くちばしの　さきは、どうなって　いますか。

（　　）

(2) きつつきは、くちばしで　きに　なにを　しますか。（20×2）

（　　）

それは、なんの　ために　しますか。

（　　）

(3) おうむの　くちばしは、どう　なって　いますか。

（　　）

(4) おうむは、かたい　たねの　からを、どこで　わりますか。

（　　）

くっつきの「は」(1)

なまえ

えを　みて　ぶんを　つくりましょう。

ありは　　ちいさい。

しろい。

ひろい。

おいしい。

はねる。

おそい。

かわいい。

くっつきの「は」(2)

なまえ

えを　みて　ぶんを　つくりましょう。

おはぎは　あまい。

きれい。

やさしい。

ながれる。

おおきい。

とりだ。

ぼ　わらう。

くっつきの「を」(1)

なまえ

えを　みて　ぶんを　つくりましょう。

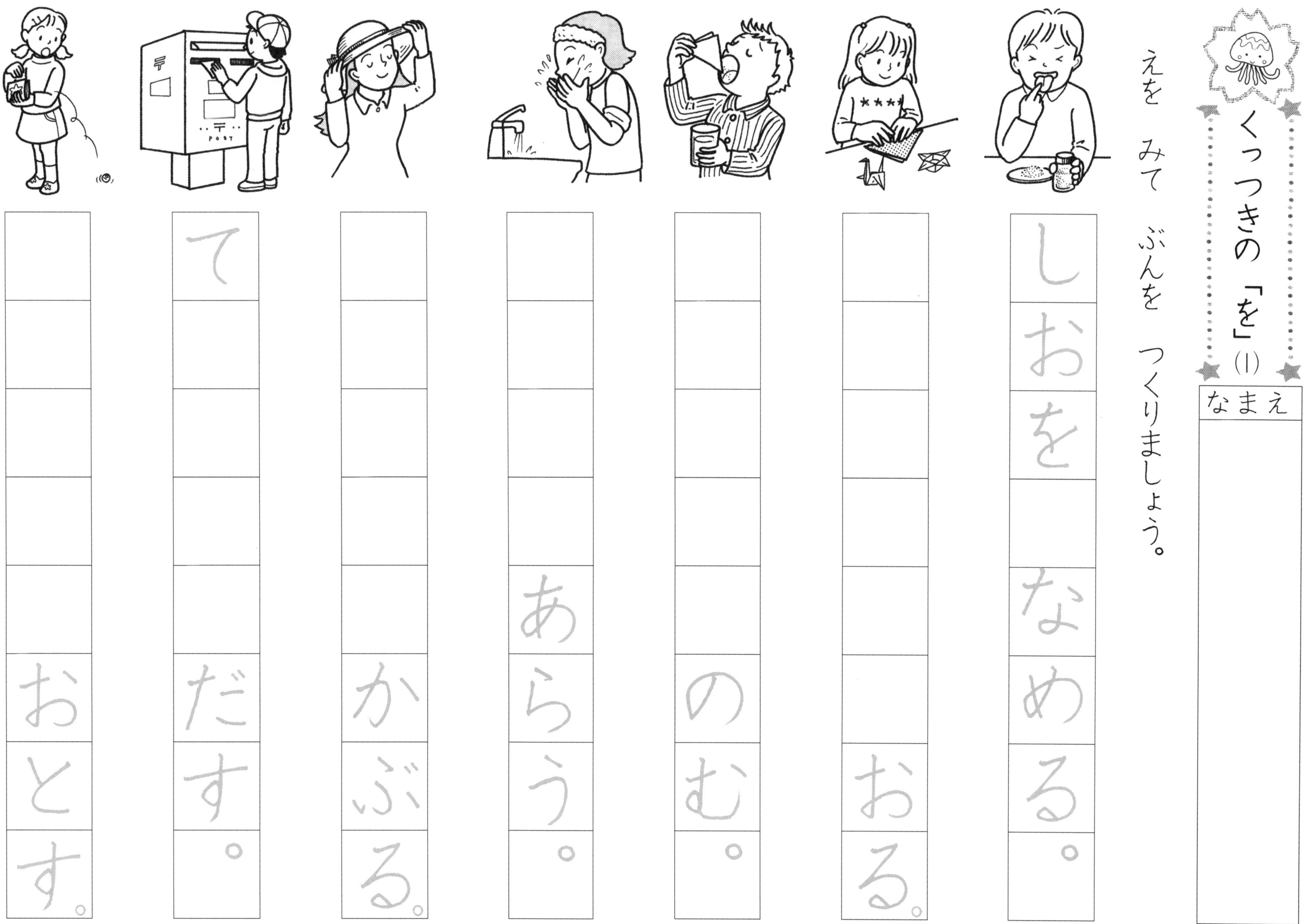

しおをなめる。
おる。
のむ。
あらう。
かぶる。
てだす。
おとす。

くっつきの「を」(2)

なまえ

えを　みて　ぶんを　つくりましょう。

くっつきの「へ」(1)

なまえ

えを　みて　ぶんを　つくりましょう。

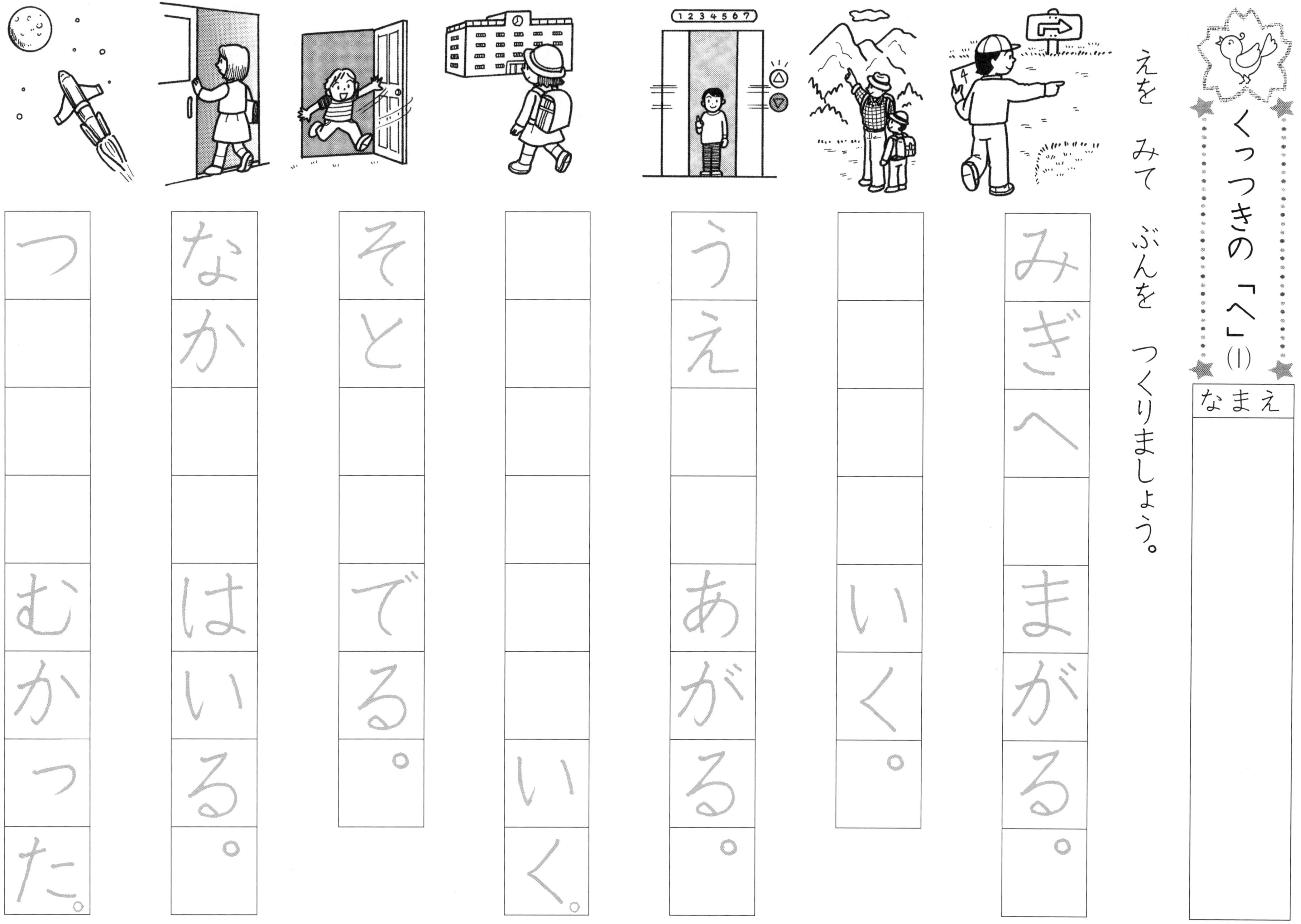

1234567
みぎへ　まがる。
いく。
うえ　あがる。
いく。
そと　でる。
なか　はいる。
つ　むかった。

くっつきの「へ」(2)

なまえ

えを　みて　ぶんを　つくりましょう。

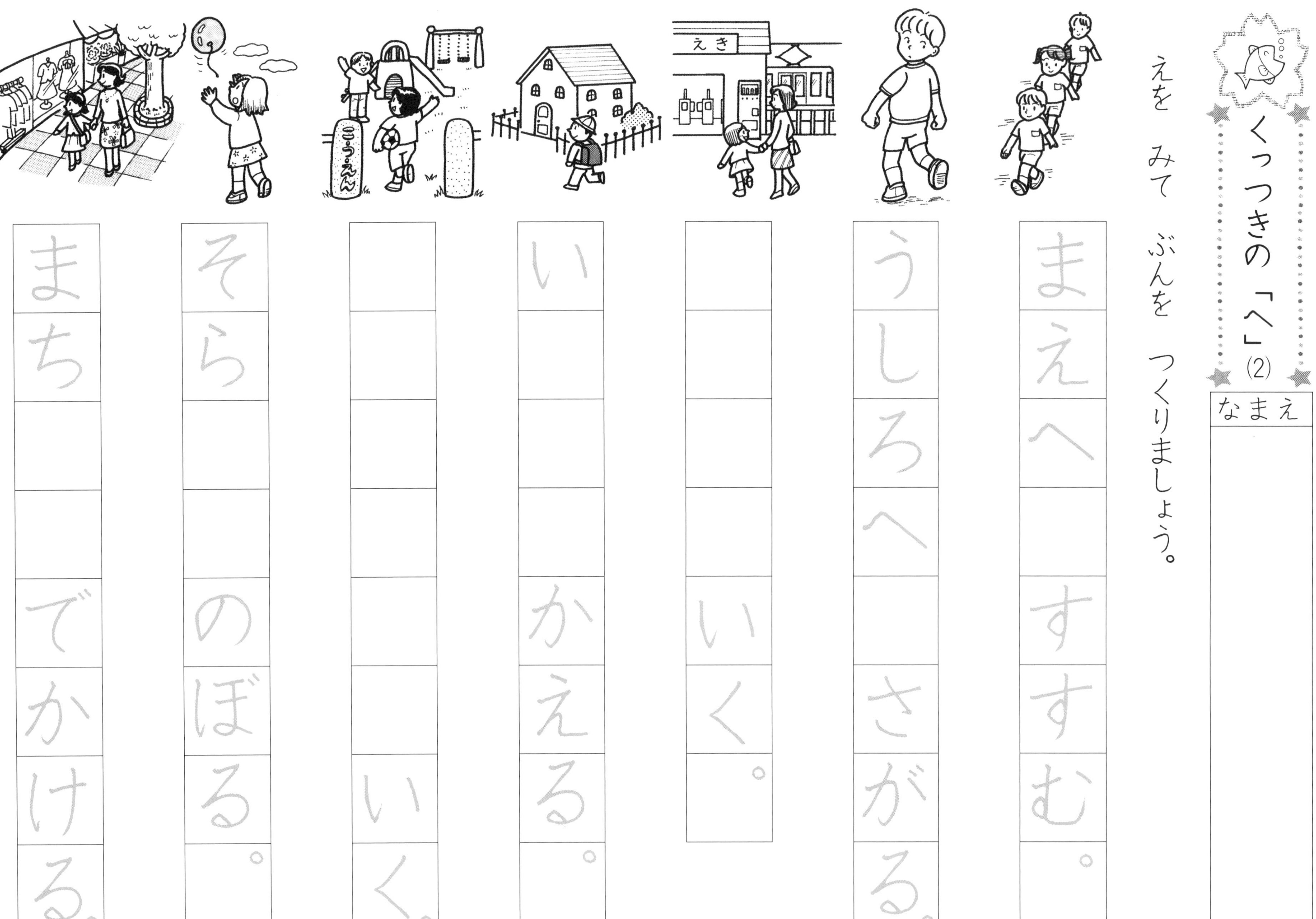

まえへ　すすむ。

うしろへ　さがる。

いく。

い　かえる。

いく。

そら　のぼる。

まち　でかける。

くっつきの「の・と・が・に・で」(1)

なまえ

えを　みて「の・と・が・に・で」を　いれて　ぶんを　つくりましょう。

わたし　　ぼうし。

うま　　はしる。

くるま　　ふね。

かいもの　　いく。

いもうと　　なく。

こま　　あそぶ。

ふろ　　はいる。

くっつきの「の・と・が・に・で」(2)

なまえ

えを　みて「の・と・が・に・で」を　いれて　ぶんを　つくりましょう。

おとうと□□かさ。

むしとり□□いく。

いぬ□□ねこ。

ぞう□□あるく。

ひまわり□□さく。

りんご□□みかん。

ひろば□□あそぶ。

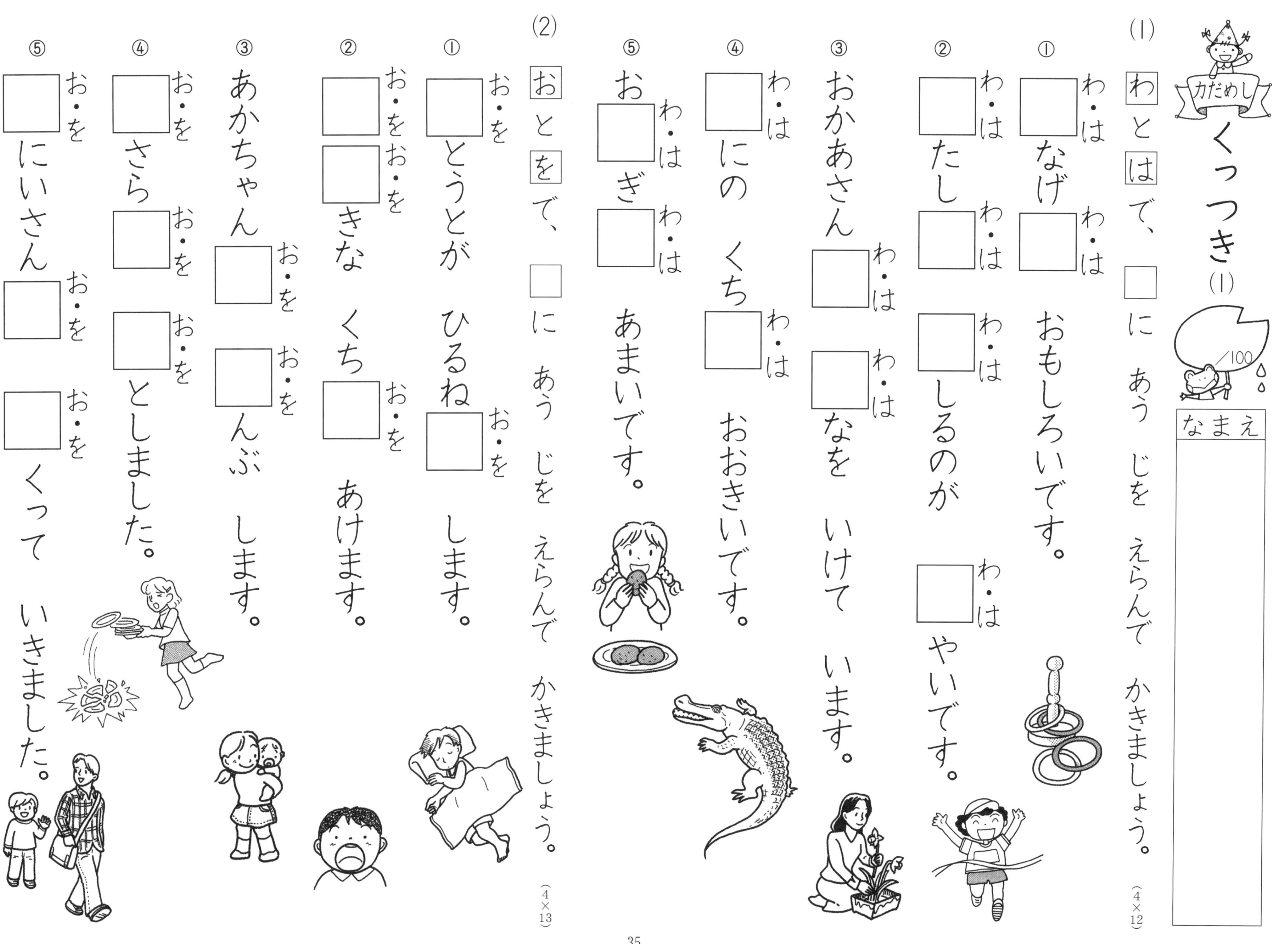

くっつき(1)

なまえ

(1) わ と は で、□に あう じを えらんで かきましょう。（4×12）

① □（わ・は）なげ □（わ・は） おもしろいです。

② □（わ・は）たし □（わ・は） □（わ・は）しるのが □（わ・は）やいです。

③ おかあさん □（わ・は） □（わ・は）なを いけて います。

④ □（わ・は）にの くち □（わ・は） おおきいです。

⑤ お□（わ・は）ぎ □（わ・は） あまいです。

(2) お と を で、□に あう じを えらんで かきましょう。（4×13）

① □（お・を）とうとが ひるね □（お・を） します。

② □（お・を）□（お・を）きな くち □（お・を） あけます。

③ あかちゃん □（お・を） □（お・を）んぶ します。

④ □（お・を）さら □（お・を） □（お・を）としました。

⑤ □（お・を）にいさん □（お・を） □（お・を） くって いきました。

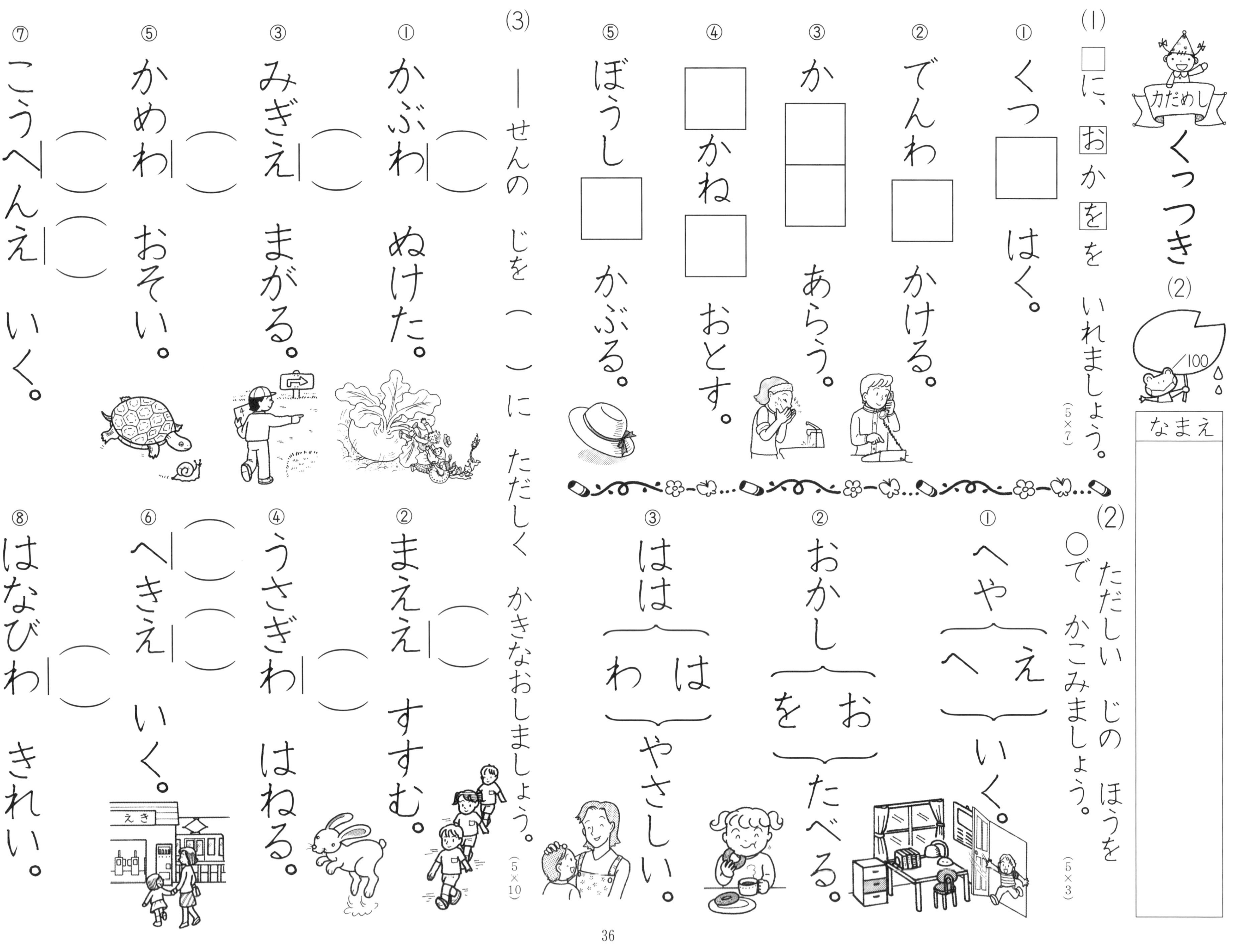

力だめし

くっつき (2)

／100

なまえ

(1) □に、お か を を いれましょう。（5×7）

① くつ□はく。

② でんわ□かける。

③ か□□あらう。

④ □かね□おとす。

⑤ ぼうし□かぶる。

(2) ただしい じの ほうを ○で かこみましょう。（5×3）

① へや｛え／へ｝いく。

② おかし｛お／を｝たべる。

③ はは｛は／わ｝やさしい。

(3) ―せんの じを（　）に ただしく かきなおしましょう。（5×10）

① かぶわ（　）ぬけた。

② まええ（　）すすむ。

③ みぎえ（　）まがる。

④ うさぎわ（　）はねる。

⑤ かめわ（　）おそい。

⑥ へ（　）きえ（　）いく。

⑦ こうへ（　）んえ（　）いく。

⑧ はなびわ（　）きれい。

力だめし

くっつき(3)

/100

なまえ

(1) □の なかに あう ほうの じを えらんで かきましょう。（5×12）

いぬ□（わ・は）、ねこ□（お・を） よんできました。

ねこが いぬ□（お・を） ひっぱって、

いぬが まご□（お・を） ひっぱって、

まごが □（お・を）ばあさん□（お・を） ひっぱって、

□（お・を）ばあさんが □（お・を）じいさん□（お・を） ひっぱって、

□（お・を）じいさんが かぶ□（お・を） ひっぱって、

「うんとこしょ、どっこいしょ。」

やっと、かぶ□（わ・は） ぬけました。

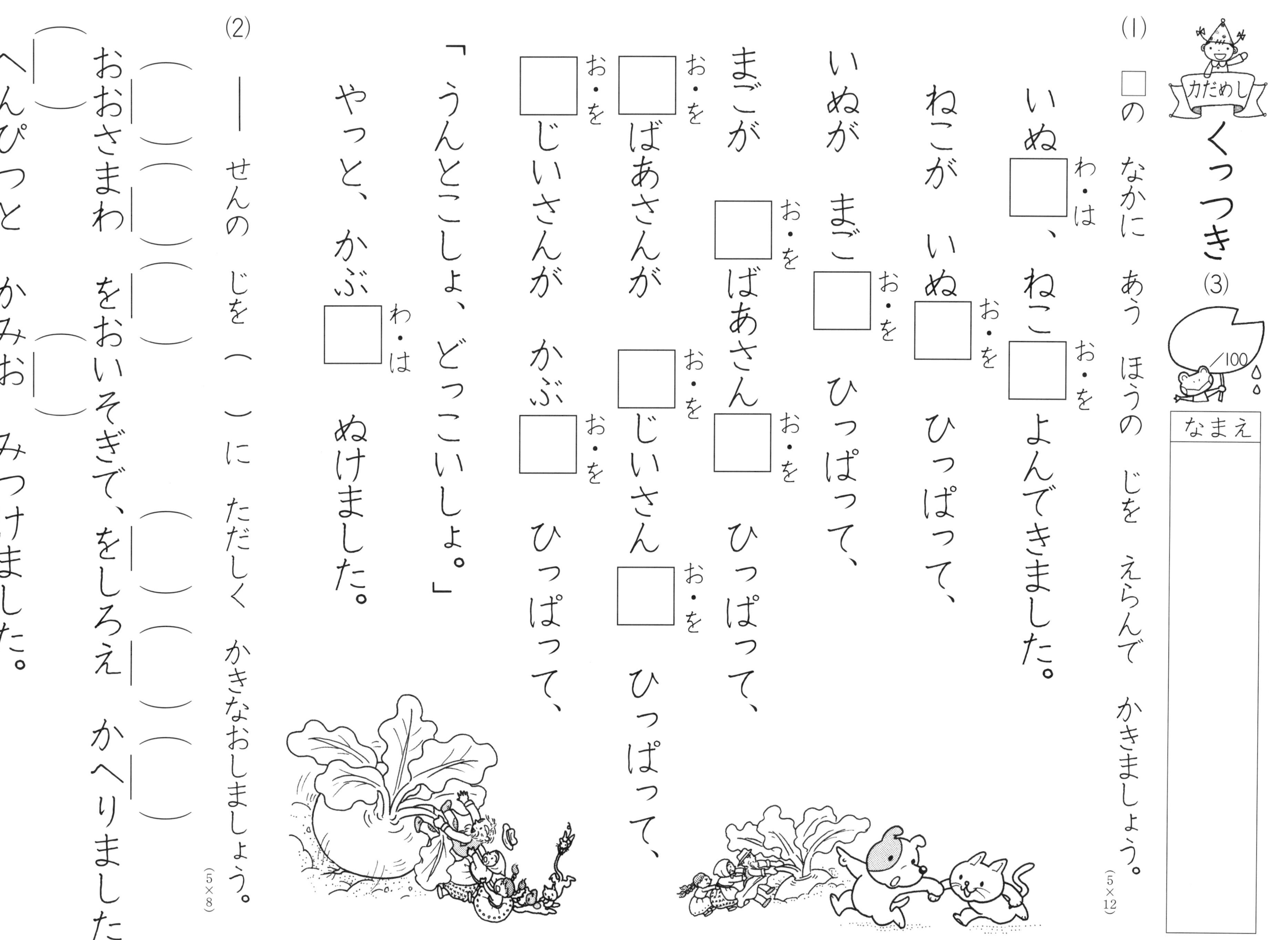

(2) ―― せんの じを （　）に ただしく かきなおしましょう。（5×8）

おおさまわ（　）（　）（　）（　） をおいそぎで、をしろえ（　）（　）（　） かへりました。（　）

へんぴつと（　） かみお（　） みつけました。

ちいさい「ゃ・ゅ・ょ」

なまえ

えを　みて　ひらがなで　ことばを　かきましょう。

ねじれた ながい おと (1)

なまえ

えを みて ひらがなで ことばを かきましょう。

ねじれた ながい おと (2)

なまえ

えを みて ひらがなで ことばを かきましょう。

ねじれて つまる おと

えを みて ひらがなで ことばを かきましょう。

なまえ

カだめし

「ちいさい「ゃ・ゅ・ょ」つまる　おと

100

なまえ

(1)　えを　みて　ひらがなで　ことばを　かきましょう。(10×7)

き

ひ

か

ち

と

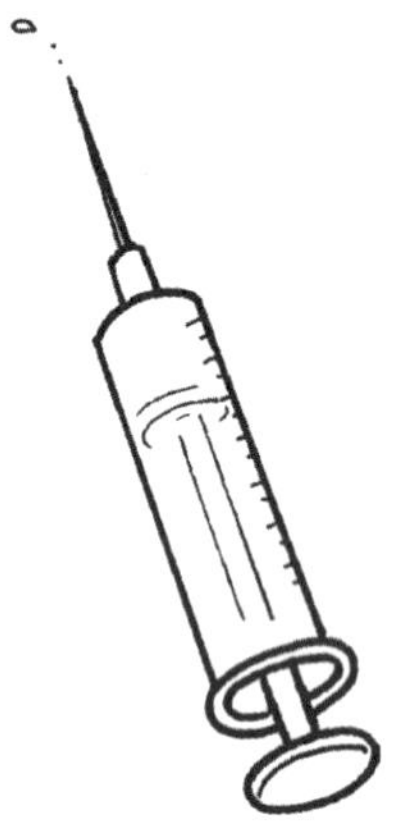

り

ぎ

(2)　つぎの　ことばを　ただしく　かきなおしましょう。(10×3)

しよつき

にゆうがくしき

しようぼうしや

おむすび ころりん

なまえ

むかし むかしの はなしだよ。
やまの はたけを たがやして、
おなかが すいた おじいさん。
そろそろ おむすび たべようか。
つつみを ひろげた その とたん、
おむすび ひとつ ころがって、
ころころ ころりん かけだした。

まて まて まてと おじいさん
おいかけて いったら おむすびは、
はたけの すみの あなの なか、
すっとんとんと とびこんだ。

のぞいて みたが まっくらで、
みみを あてたら きこえたよ。
おむすび ころりん すっとんとん。
ころころ ころりん すっとんとん。

（平成二十三年度版 光村図書 こくご一年（上） かざぐるま はそべ ただし）

うえの ぶんを よんで こたえましょう。（(1)〜(5) 各20）

(1) おじいさんは なにを して いましたか。

(2) おじいさんが つつみを ひろげた とたん、おむすびは どうなりましたか。

(3) おじいさんが おいかけた おむすびは どうなりましたか。

(4) あなを のぞくと どんな ようすでしたか。

(5) あなに みみを あてると なにが きこえましたか。

いきものの あし

なまえ

これは、なんの　あしでしょう。

これは、あひるの　あし　です。

あしの　ゆびの　あいだには、みずかきが　ついて　います。

だから、みずの　なかを、すいすいと　およぐ　ことが　できます。

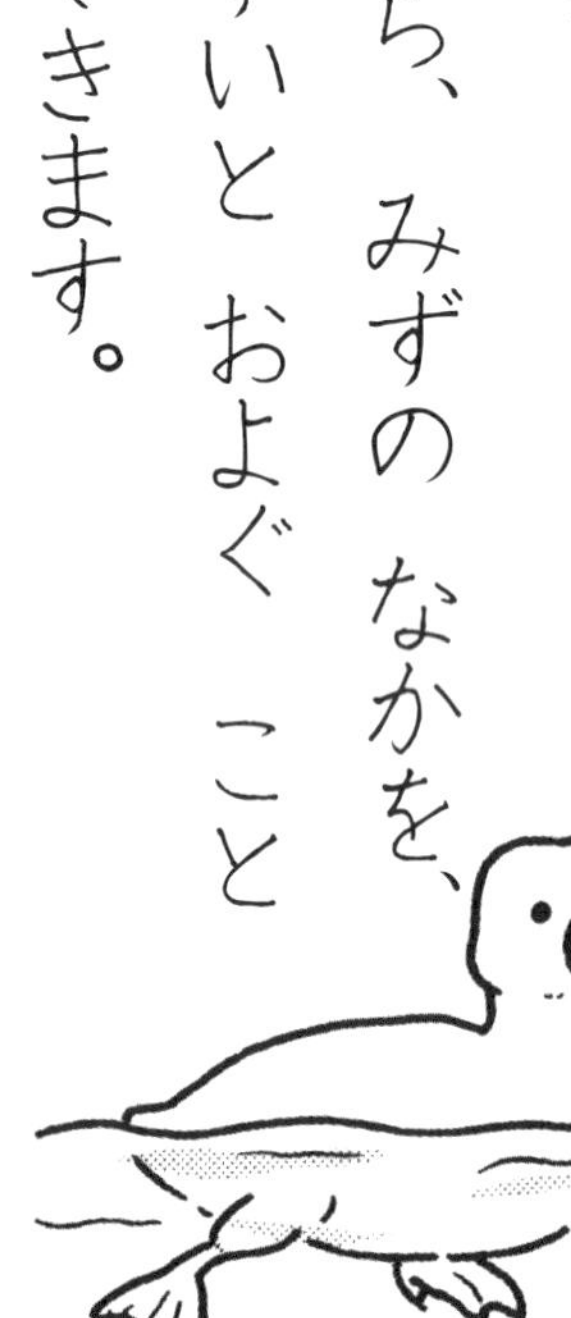

これは、なんの　あしでしょう。

これは、らいおんの　あし　です。

あしの　うらには、まるくて　やわらかい　ものが　ついて　います。

□、あしおとを　たてずに、えものに　そっと　ちかづく　ことが　できます。

※イラストは学研の動物図鑑と、教科書の文意を参考に作成しました。

（平成二十三年度版　学校図書　みんなとまなぶ　しょうがっこうこくご一年（上））

うえの　ぶんを　よんで　こたえましょう。（(1)～(5)各20）

(1) あひるの　あしの　ゆびの　あいだには　なにが　ついて　いますか。

（　　　　）

(2) なぜ　みずかきが　ついて　いるのでしょう。

（　　　　）

(3) らいおんの　あしの　うらには　なにが　ついて　いますか。

（　　　　）

(4) らいおんの　あしの　うらは　なにを　するのに　やくだって　いますか。（　）に　○を　しましょう。

（　）はやく　はしる　ため

（　）あしおとを　たてない　ため

（　）たかく　とぶ　ため

(5) □に　あてはまる　ことばに　○を　しましょう。

（　）そして

（　）だから

（　）しかし

おおきな かぶ (1)

さいごう たけひこ やく

なまえ

おじいさんが、かぶの
たねを まきました。
「あまい あまい かぶに
なれ。おおきな おおきな
かぶに なれ。」

あまい あまい、
おおきな おおきな
かぶに なりました。

おじいさんは、かぶを
ぬこうと しました。
「うんとこしょ、
どっこいしょ。」
けれども、かぶは
ぬけません。

(平成二十三年度版 光村図書 こくご一年(上) かざぐるま ロシアみんわ さいごう たけひこ やく)

うえの ぶんを よんで こたえましょう。
((1)(3)(4) 各20)

(1) おじいさんは、なにを まきましたか。

(　　　　)

(2) おじいさんは、どんな かぶに なって ほしいと おもって いたか、ふたつ かきましょう。
(20×2)

(　　　　)

(　　　　)

(3) おじいさんは、なんと いって かぶを ぬこうと しましたか。

(　　　　)

(4) かぶは ぬけましたか。

(　　　　)

おおきな かぶ (2)

さいごう たけひこ やく

なまえ

まごは、いぬを よんで
きました。
かぶを
おじいさんが ひっぱって、
おじいさんを
おばあさんが ひっぱって、
おばあさんを
まごが ひっぱって、
まごを
いぬが ひっぱって、
「うんとこしょ、どっこいしょ。」
[ ]、
かぶは ぬけません。

（平成二十三年度版 光村図書 こくご一年（上） かざぐるま ロシアみんわ さいごう たけひこ やく）

うえの ぶんを よんで こたえましょう。（(1)〜(5) 各20）

(1) まごが よんで きたのは なにですか。
（　　　　）

(2) まごが ひっぱって いるのは だれですか。
（　　　　）

(3) まごを ひっぱって いるのは なにですか。
（　　　　）

(4) [ ]に あてはまる ことばに ○を しましょう。
（　）まだまだ
（　）いろいろ
（　）とうとう

(5) かぶは ぬけましたか。
（　　　　）

おおきな かぶ (1)

うちだ りさこ やく

なまえ

おじいさんは、おばあさんを
よんで きました。
おばあさんが
おじいさんを ひっぱって、
おじいさんが
かぶを ひっぱって、
「うんとこしょ、どっこいしょ。」
それでも、かぶは ぬけません。

おばあさんは、まごを
よんで きました。
まごが
おばあさんを ひっぱって、
おばあさんが
おじいさんを ひっぱって、
おじいさんが
かぶを ひっぱって、
「うんとこしょ、
どっこいしょ。」
まだ まだ、
かぶは ぬけません。

（平成二十三年度版 東京書籍 あたらしいこくご一年（上） ロシアみんわ うちだ りさこ やく）

うえの ぶんを よんで こたえましょう。（(1)～(5) 各20）

(1) おじいさんは、だれを よんで きましたか。

（　　　　）

(2) おばあさんは、だれを よんで きましたか。

（　　　　）

(3) おじいさんは、なにを ひっぱりましたか。

（　　　　）

(4) おばあさんは、だれを ひっぱりましたか。

（　　　　）

(5) まごは、だれを ひっぱりましたか。

（　　　　）

※「おおきな かぶ」（内田莉沙子 訳）の教材は、教育出版・三省堂・学校図書の二十三年度版一年生国語教科書にも掲載されています。

おおきな かぶ (2)

うちだ りさこ やく

なまえ

いぬは、ねこを よんで
きました。
ねこが
いぬを
ひっぱって、
いぬが
まごを
ひっぱって、
まごが
おばあさんを ひっぱって、
おばあさんが
おじいさんを ひっぱって、
おじいさんが
かぶを ひっぱって、
「うんとこしょ、どっこいしょ。」
［　　］、かぶは ぬけません。

(平成二十三年度版 東京書籍 あたらしいこくご一年(上) ロシアみんわ うちだ りさこ やく)

うえの ぶんを よんで こたえましょう。 (1)〜(5)各20

(1) いぬは、なにを よんで きましたか。

（　　　　）

(2) いぬを ひっぱって いるのは、なにですか。

（　　　　）

(3) かぶから いちばん ちかい ところで ひっぱって いるのは、だれですか。

（　　　　）

(4) みんなは、どんな ことを おもって かぶを ひっぱって いるのでしょう。

（　　　　）

(5) ［　　］に あてはまる ことばに ○を しましょう。

（　） やれやれ
（　） それでも
（　） そろそろ

※「おおきな かぶ」(内田莉沙子 訳)の教材は、教育出版・三省堂・学校図書の二十三年度版一年生国語教科書にも掲載されています。

おおきな かぶ ⑶

うちだ りさこ やく

なまえ

ねこは、ねずみを よんで きました。
ねずみが
ねこを ひっぱって、
ねこが
いぬを ひっぱって、
いぬが
まごを ひっぱって、
まごが
おばあさんを ひっぱって、
おばあさんが
おじいさんを
ひっぱって、
おじいさんが
かぶを
ひっぱって、
「うんとこしょ、
どっこいしょ。」
［　　］、
かぶは ぬけました。

（平成二十三年度版 東京書籍 あたらしいこくご一年（上） ロシアみんわ うちだ りさこ やく）

うえの ぶんを よんで こたえましょう。（⑴～⑸ 各20）

⑴ ねこは、なにを よんで きましたか。

（　　　　）

⑵ ねずみは、なにを ひっぱって いるのですか。

（　　　　）

⑶ かぶから、いちばん とおい ところで ひっぱって いるのは なにですか。

（　　　　）

⑷ かぶを ひっぱって いる なかで、いちばん ちいさいのは なにですか。

（　　　　）

⑸ ［　　］に あてはまる ことばに ○を しましょう。

（　）やっと
（　）それでも
（　）なかなか

※「おおきな かぶ」（内田莉沙子 訳）の教材は、教育出版・三省堂・学校図書の二十三年度版一年生国語教科書にも掲載されています。

ゆうだち (1)

なまえ

そらが、きゅうに まっくらに なりました。ひやりと した かぜが ふき、ぽたぽたと あめが おちて きました。

「ゆうだちだ。」

くさはらに いた うさぎの こは、おおいそぎで、木の したに かけこみました。

そこへ、

「ひゃあ、ずぶぬれだ。」

しぶきを ちらしながら、たぬきの こが、とびこんで きました。

「やあ。」

と いいかけて、うさぎの こは、あわてて 口を おさえました。たぬきの こも、うさぎの こに きが つくと、ぷいと よこを むきました。

（平成二十三年度版 光村図書 こくご一年（上） かざぐるま もりやま みやこ）

うえの ぶんを よんで こたえましょう。（(1)～(5) 各20）

(1) ゆうだちに あって、うさぎの こは、どうしましたか。

（　　　　　　　）

(2) つぎに、木の したに とびこんで きたのは だれですか。

（　　　　　　　）

(3) うさぎの こは、「やあ。」と いいかけて、どうしましたか。

（　　　　　　　）

(4) うさぎの こに きが ついた、たぬきの こは どうしましたか。

（　　　　　　　）

(5) うさぎの こと たぬきの この きもちに あてはまる ものに ○を しましょう。

（　）いいところで であえたなあ。

（　）ゆうだちが やむまで、いっしょに まって いたいなあ。

（　）いっしょに なりたく なかったなあ。

ゆうだち ⑵

なまえ

にひきは、きのう、けんかを　したのです。ぷりぷりして　わかれたきり、いちども　口を　きいて　いません。

　にひきは、あいての　かおを　みないようにして、すこし　はなれて　たちました。

　あめは、ざあざあと　はげしく　なり、目も　あけて　いられないほどです。

　その　とき、にひきの　あたまの　うえで、たたきつけるような　おとがなりわたりました。かみなりです。にひきは、たおれるように　じめんに　ふせました。

　それから　すこし　じかんがすぎました。きが　つくと、にひきは、ぴったり　よりそって　いました。

（平成二十三年度版　光村図書　こくご一年（上）かざぐるま　もりやま　みやこ）

うえの　ぶんを　よんで　こたえましょう。

⑴ にひきが　けんかを　したのは　いつですか。 15

（　　　　）

⑵ けんかを　した　あとの　にひきは、どうして　いましたか。 15

（　　　　）

⑶ あいての　かおを　みないようにして、すこし　はなれて　たっていたとき、にひきは　どんなきもちだったと　おもいますか。 20

（　　　　）

⑷ かみなりは　どんな　おとでしたか。 15

（　　　　）

⑸ かみなりが　なったとき、にひきは　どうしましたか。 15

（　　　　）

⑹ けんかを　して　いた　にひきが、ぴったりと　よりそって　いたのは　なぜでしょう。 20

（　　　　）

みいつけた

なまえ

だんごむしは、
にわや　こうえんに　います。
だんごむしは、くらくて
しめった　ところが　すきです。
おちばや　いしを　どけると、
みつける　ことが　できます。

せみは、
木の　みきや　えだに　とまって　います。
せみは、よく　なきます。
こえが　きこえる　ところを
さがすと、みつける　ことが
できます。

ばったは、
くさはらに　います。
ばったは、すぐには
みつける　ことが　できません。
ばったの　いろが、くさの　いろと　にて　いるからです。
ひとが　ちかづくと、
ばったは、おどろいて
とびたちます。それで、
みつける　ことが　できます。

（平成二十三年度版　光村図書　こくご一年（上）かざぐるま　おおの　まさお）

上の　ぶんを　よんで　こたえましょう。（(1)(2)(5)(6)各20）

(1) だんごむしは、どんな　ところが　すきですか。

（　　　）

(2) にわや　こうえんで、だんごむしを　みつけるには、どうすれば　よいですか。

（　　　）

(3) せみは、どんな　ところを　さがすと、みつける　ことが　できますか。（15）

（　　　）

(4) ばったは、どこに　いますか。（15）

（　　　）

(5) ばったを　すぐに　みつける　ことが　できないのは　なぜですか。

（　　　）

(6) ばったを　みつけるには、どうすれば　いいですか。

（　　　）

ワ	ラ	ヤ	マ	ハ	ナ	タ	サ	カ	ア
	リ	イ	ミ	ヒ	ニ	チ	シ	キ	イ
ン	ル	ユ	ム	フ	ヌ	ツ	ス	ク	ウ
ヲ	レ	エ	メ	ヘ	ネ	テ	セ	ケ	エ
	ロ	ヨ	モ	ホ	ノ	ト	ソ	コ	オ

ガ ギ グ ゲ ゴ
ザ ジ ズ ゼ ゾ
ダ ヂ ヅ デ ド
バ ビ ブ ベ ボ
パ ピ プ ペ ポ
キャ キュ キョ ギャ ギュ ギョ
シャ シュ ショ ジャ ジュ ジョ
チャ チュ チョ ヂャ ヂュ ヂョ
ニャ ニュ ニョ
ヒャ ヒュ ヒョ ビャ ビュ ビョ ピャ ピュ ピョ
ミャ ミュ ミョ
リャ リュ リョ

カタカナ (1)

なまえ

レストランに　いったら　なにを　たべようかな。
なまえを　かきましょう。

オ

エ

サ

コ

ハ

ホ

サ

ナイフ
フォーク
ステーキ
ピザ
スプーン
テーブル
パフェ
ジュース
スパゲティ
カレーライス

カタカナ ⑵

はたらく　くるまには　どんな　ものが　あるかな。
なまえを　かきましょう。

なまえ

バ

タ

パ

ト

ダ

キ

ブ

パワーショベル

ヘルメット

ロードローラー

タイヤ

カタカナ (3)

きょうの　おやつは　なにかな。なまえを　かきましょう。

なまえ

カタカナ (4)

なにを して あそぼうかな。なまえを かきましょう。

なまえ

カタカナ ⑸

なまえ

おどうぐばこの　なかには　なにが　はいって　いるかな。
なまえを　かきましょう。

ノ
ク
セ
ホ
ボ
ハ
カ

カタカナ (6)

のってみたい　のりものは　なにかな。
なまえを　かきましょう。

なまえ

カタカナ (7)

なにを　きようかな。なまえを　かきましょう。

なまえ

力だめし

カタカナ (1)

/100点

なまえ

えを　みて　カタカナで　なまえを　かきましょう。

(10×10)

力だめし

カタカナ (2)

／100 点

なまえ

えを　みて　カタカナで　なまえを　かきましょう。

(10×10)

くじらぐも (1)

なまえ

四じかん目の ことです。
一ねん二くみの 子どもたちが たいそうを して いると、空に、大きな くじらが あらわれました。まっしろい くもの くじらです。
「一、二、三、四。」
くじらも、たいそうを はじめました。のびたり ちぢんだり して、しんこきゅうも しました。
みんなが かけあしで うんどうじょうを まわると、くもの くじらも、空を まわりました。
せんせいが ふえを ふいて、とまれの あいずを すると、くじらも とまりました。

(平成二十三年度版 光村図書 こくご一年(下) ともだち なかがわ りえこ)

上の ぶんを よんで こたえましょう。 (2)〜(4) 各20

(1) どんな くじらが、空に あらわれましたか。二つ かきましょう。 (20×2)

（　　　　）くじら

（　　　　）くもの くじら

(2) あらわれた くじらは なにを はじめましたか。

（　　　　）

(3) みんなが かけあしを すると、くじらは どうしましたか。

（　　　　）

(4) せんせいが ふえを ふくと、くじらは どうしましたか。

（　　　　）

くじらぐも (2)

なまえ

みんなは、手を　つないで、まるい
わに　なると、

「天まで　とどけ、一、二、三。」

と　ジャンプしました。でも、とんだ
のは、やっと　三十センチぐらいです。

「もっと　たかく。もっと　たかく。」

と、くじらが　おうえんしました。

「天まで　とどけ、一、二、三。」

こんどは、五十センチぐらい
とべました。

「もっと　たかく。もっと　たかく。」

と、くじらが　おうえんしました。

「天まで　とどけ、
一、二、三。」
その　ときです。
いきなり、かぜが、みんな
を　空へ　ふきとばしました。
そして、あっと　いう　まに、
せんせいと　子どもたちは、
手を　つないだ　まま、くもの
くじらに　のって　いました。

（平成二十三年度版　光村図書　こくご一年（下）ともだち　なかがわりえこ）

上の　ぶんを　よんで　こたえましょう。（(1)〜(5)各20）

(1) みんなは　どういって　ジャンプしましたか。

（　　　　）

(2) くじらは　どういって　おうえんしましたか。

（　　　　）

(3) みんなは　さいしょ　どれぐらい　とびましたか。

（　　　　）

(4) みんなを　空へ　ふきとばしたのは　なにですか。

（　　　　）

(5) くもの　くじらに　のって　いたとき、せんせいと　子どもたちは　どうして　いましたか。

（　　　　）

じどう車くらべ (1)

なまえ

バスや　じょうよう車は、人を　のせて　はこぶ　しごとを　して　います。

その　ために、ざせきの　ところが、ひろく　つくって　あります。

そとの　けしきが　よく　見えるように、大きな　まどが　たくさん　あります。

トラックは、にもつを　はこぶ　しごとを　して　います。

その　ために、うんてんせきの　ほかは、ひろい　にだいに　なって　います。

おもい　にもつを　のせる　トラックには、タイヤが　たくさん　ついて　います。

上の　ぶんを　よんで　こたえましょう。（(1)〜(5)　各20）

(1)　バスや　じょうよう車は、どんな　しごとを　して　いますか。

（　　　　）

(2)　バスや　じょうよう車の、ざせきの　ところは、どうなって　いますか。

（　　　　）

(3)　バスや　じょうよう車に、大きな　まどが　たくさん　あるのは　どうしてですか。

（　　　　）

(4)　トラックは、どんな　しごとを　して　いますか。

（　　　　）

(5)　トラックに、たくさん　タイヤが　ついて　いるのは　どうしてでしょう。

（　　　　）

（平成二十三年度版　光村図書　こくご一年（下）　ともだち）

じどう車くらべ (2)

なまえ

クレーン車は、おもい ものを つり上げる しごとを して います。

その ために、じょうぶな うでが、のびたり うごいたり するように、つくって あります。車たいが かたむかないように、しっかりした あしが、ついて います。

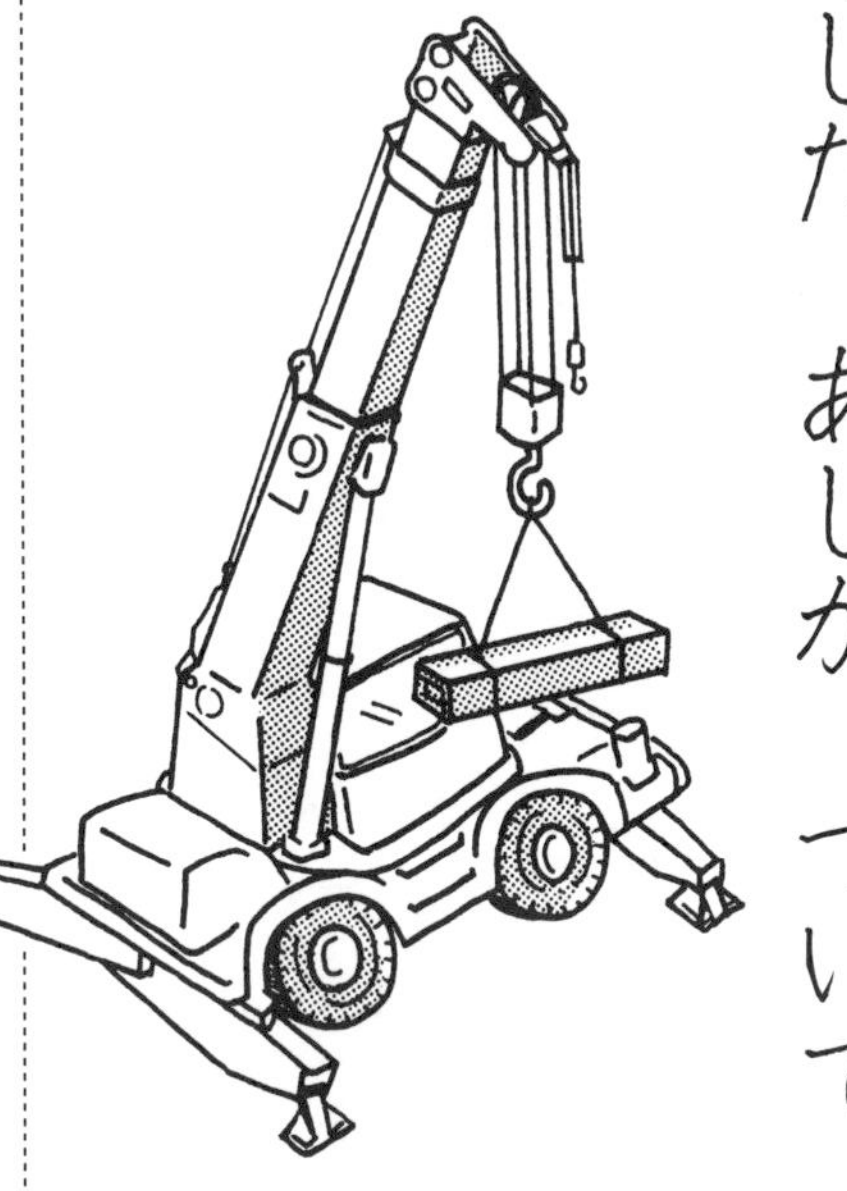

きゅうきゅう車は、けがを した 人や、びょうきの 人を、びょういんへ はこぶ しごとを して います。

その ために、うんてんせきの うしろは、人を ねかせる ことが できるように なって います。

（平成二十三年度版　光村図書　こくご一年（下）ともだち）

上の ぶんを よんで こたえましょう。（(1)(3)(4)(5) 各20）

(1) クレーン車は、どんな しごとを して いますか。

（　　　　）

(2) クレーン車の うでは どうなって いるか、二つ かきましょう。（10×2）

（　　　　）

（　　　　）

(3) クレーン車の 車たいが かたむかないように、どうなって いますか。

（　　　　）

(4) きゅうきゅう車は、どんな しごとを して いますか。

（　　　　）

(5) うんてんせきの うしろは どうなって いますか。

（　　　　）

日づけと よう日(1)

なまえ

ーせんの かんじの よみがなを（　）に かきましょう。(5×20)

一月 一日 お正月。

二月 二日は みんなで こたつ。

三月 三日は ももの はな。

四月 四日は さくらの はなみ。

五月 五日は こいのぼり。

六月 六日は わかばの こみち。

七月 七日は 天の川。

八月 八日は なつやすみ。

九月 九日 虫の こえ。

十月 十日は ハイキング。

ロープウエーにも のりたいな。

十一月 十一日 おちばひろい。

十二月 二十日は、

はやく こい こい お正月。

（平成二十三年度版 光村図書 こくご二年（下） ともだち）

日づけと　よう日 (2)

なまえ

ーせんの　かんじの　よみがなを　（　）に　かきましょう。（5×20）

お日（　）さま　大（　）すき、
日（　）よう日（　）。
月（　）が　出（　）た　出（　）た、
月（　）よう日（　）。
火（　）の　ようじんだ、
火（　）よう日（　）は。
ホースで　水（　）まき、
水（　）よう日。
くりの　木（　）　見（　）つけた、
木（　）よう日。
お金（　）を　もらった、
金（　）よう日。
土（　）あそび　する、
土（　）よう日だ。

（平成二十三年度版　光村図書　こくご一年（下）　ともだち）

ずうっと、ずっと、大すきだよ ⑴

なまえ

エルフと　ぼくは、まい日　いっしょに　あそんだ。

エルフは、りすを　おいかけるのが　すきで、ママの　かだんを　ほりかえすのが　すきだった。

ときどき、エルフが　わるさを　すると、うちの　かぞくは、すごく　おこった。でも、エルフを　しかって　いながら、みんなは、エルフの　こと、大すきだった。

すきなら　すきと、いって　やれば　よかったのに、だれも、いって　やらなかった。

いわなくっても、わかると　おもって　いたんだね。

いつしか、ときが　たって　いき、ぼくの　せが、ぐんぐん　のびる　あいだに、エルフは、どんどん　ふとって　いった。

（平成二十三年度版　光村図書　こくご一年（下）　ともだち　ハンス＝ウイルヘルム　さく　ひさやま　たいち　やく）

上の　ぶんを　よんで　こたえましょう。（⑴⑶⑷⑸　各20）

⑴ エルフと　ぼくは、まい日　どうして　いましたか。

（　　　　　　）

⑵ エルフの　すきだった　ことを、二つ　かきましょう。（10×2）

（　　　　　　）

（　　　　　　）

⑶ エルフが　わるさを　すると、かぞくは、どうしましたか。

（　　　　　　）

⑷ かぞくの　だれもが、エルフに　すきと、いって　やらなかったのは　なぜですか。

（　　　　　　）

⑸ ぼくの　せが、ぐんぐん　のびる　あいだに、エルフは、どうなって　いきましたか。

（　　　　　　）

ずうっと、ずっと、大すきだよ (2)

なまえ

エルフは、としを　とって、ねて
いる　ことが　おおく　なり、さん
ぽを　いやがるように　なった。
ぼくは、とても　しんぱいした。
ぼくたちは、エルフを　じゅうい
さんに　つれて　いった。でも、
じゅういさんにも、できる　こと
は　なにも　なかった。
「エルフは、としを
とったんだよ。」
じゅういさんは、
そう　いった。
まもなく、エルフは、かいだんも
上れなく　なった。でも、エルフは、
ぼくの　へやで　ねなくちゃ
いけないんだ。
ぼくは、エルフに　やわらかい
まくらを　やって、ねる　まえには、
かならず、
「エルフ、ずうっと、大すきだよ。」
って、いって　やった。エルフは、
きっと　わかって　くれたよね。

（平成二十三年度版　光村図書　こくご一年（下）　ともだち　ハンス＝ウイルヘルム　さく　ひさやま たいち　やく）

上の　ぶんを　よんで　こたえましょう。

(1)　としを　とった　エルフは　どうなりましたか。二つ　かきましょう。（20×2）

（　　　）

（　　　）

(2)　としを　とった　エルフを、ぼくは　どう　おもって　いましたか。（20）

（　　　）

(3)　じゅういさんは　なんと　いいましたか。（10）

（　　　）

(4)　ねるとき　ぼくが、エルフに　してやったことを　二つ　かきましょう。（15×2）

（　　　）

（　　　）

サラダで げんき (1)

なまえ

「あっ、そうだわ。おいしい サラダを つくって あげよう。げんきに なる サラダを つくって あげよう。」

りっちゃんは、れいぞうこを あけて 中を のぞきました。

りっちゃんは、サラダを つくりはじめました。きゅうりを トン トン トン、キャベツは シャ シャ シャキ、トマトも ストン トン トンと きって、大きな おさらに のせました。

すると、のらねこが、のっそり 入って きて いいました。

「サラダに かつおぶしを 入れると いいですよ。すぐに げんきに なりますよ。木のぼりだって じょうずに なりますよ。ねこみたいにね。」

「おしえて くれて ありがとう。」

りっちゃんは、さっそく かつおぶしを サラダに かけました。

（平成二十三年度版　東京書籍　あたらしいこくご一年（下）　かどの えいこ）

上の ぶんを よんで こたえましょう。

(1) りっちゃんは、どんな サラダを つくって あげようと おもいましたか。二つ かきましょう。（10×2）

(2) りっちゃんは、なにを つかって サラダを つくりはじめましたか。三つ かきましょう。（10×3）

(3) のらねこが、サラダに 入れると いいと いった ものは なにですか。（20）

(4) のらねこの いったものを サラダに 入れると どうなるので しょう。二つ かきましょう。（15×2）

サラダで げんき (2)

なまえ

とつぜん、キューン、ゴー ゴー、キューと いう おとが して、ひこうきが とまると、アフリカぞうが せかせかと おりて きました。

「まにあって よかった よかった。ひとつ おてつだいしましょう。」

「ありがとう。でも、もう できあがったの。」

りっちゃんは いいました。

「いや いや、これからが ぼくの しごと。」

アフリカぞうは、サラダに あぶらと しおと すを かけると、スプーンを はなで にぎって、力づよく くりん くりんと まぜました。

「おかあさん、さあ、いっしょに サラダを いただきましょ。」

と、りっちゃんは いいました。

りっちゃんの おかあさんは、サラダを たべて、たちまち げんきに なりました。

（平成二十三年度版 東京書籍 あたらしいこくご一年（下） かどの えいこ）

上の ぶんを よんで こたえましょう。

(1) アフリカぞうは なにから おりて きましたか。（20）

（　　　　）

(2) アフリカぞうが おてつだいして くれた ことを かきましょう。

① アフリカぞうが サラダに かけたものを 三つ かきましょう。（10×3）

（　　）（　　）（　　）

② アフリカぞうは なにを つかって どんなことを しましたか。（30）

（　　　　）

(3) りっちゃんの おかあさんは、サラダを たべて、どうなりましたか。（20）

（　　　　）

いろいろな ふね (1)

なまえ

ふねには、いろいろな ものが あります。

きゃくせんは、たくさんの 人を はこぶ ための ふねです。

この ふねの 中には、きゃくしつや しょくどうが あります。

人は、きゃくしつで やすんだり、しょくどうで しょくじを したり します。

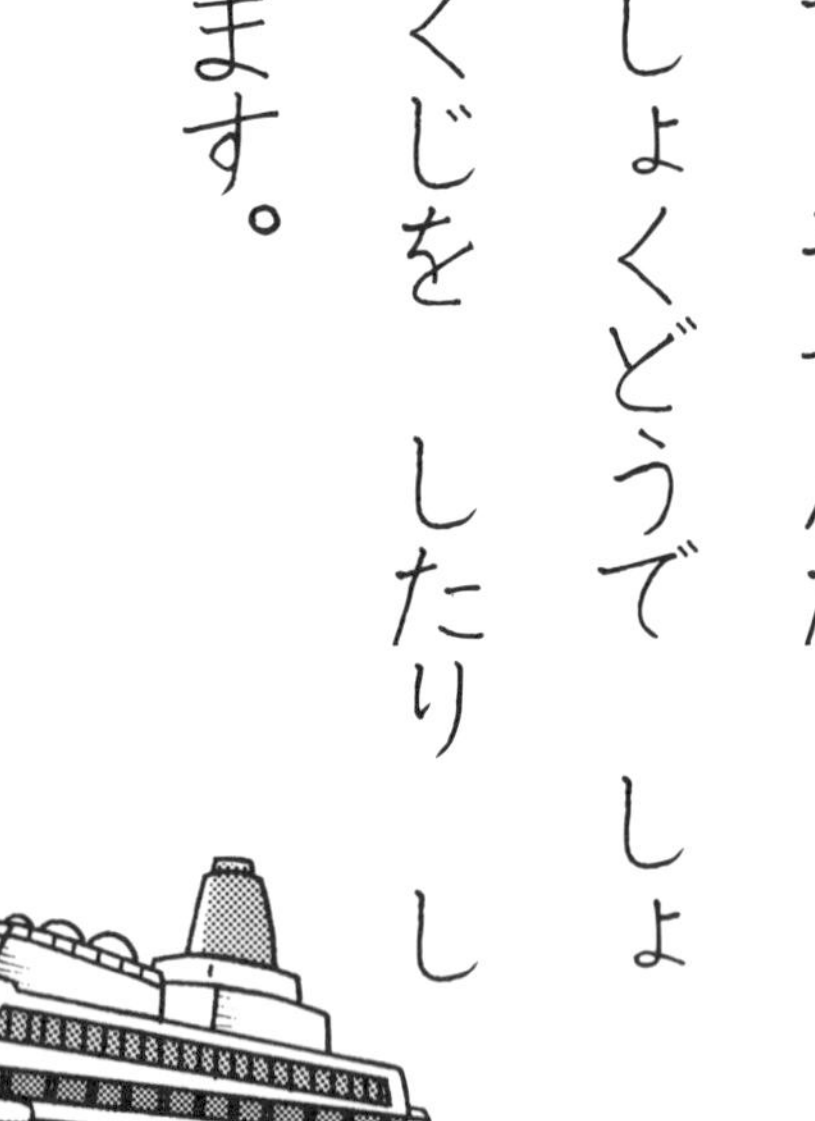

（平成二十三年度版 東京書籍 あたらしいこくご一年（下））

上の ぶんを よんで こたえましょう。

(1) きゃくせんは、なにを する ための ふね ですか。（20）

（　　　　）

(2) きゃくせんの 中に ある ものを 二つ かきましょう。（20×2）

（　　　　）

（　　　　）

(3) つぎの ばしょで、人は なにを しますか。（20×2）

① きゃくしつ

（　　　　）

② しょくどう

（　　　　）

いろいろな ふね (2)

なまえ

フェリーボートは、たくさんの 人と じどう車を いっしょに はこぶ ための ふねです。
この ふねの 中には、きゃくしつや 車を とめて おく ところが あります。
人は、車を ふねに 入れてから、きゃくしつで やすみます。

ぎょせんは、さかなを とる ための ふねです。
この ふねは、さかなの むれを 見つける きかいや、あみを つんで います。
見つけた さかなを あみで とります。

※イラストは、チャイルド本社の「のりものいっぱい図鑑」と、教科書の文章を参考に作成しました。
（平成二十三年度版 東京書籍 あたらしいこくご一年（下））

上の ぶんを よんで こたえましょう。

(1) フェリーボートは、なにを する ための ふねですか。 ⑳

（　　　　）

(2) フェリーボートの 中には、どんな ところが ありますか。二つ かきましょう。 （15×2）

（　　　　）（　　　　）

(3) ぎょせんは、なにを する ための ふねですか。 ⑳

（　　　　）

(4) ぎょせんに つんで いる ものを 二つ かきましょう。 （15×2）

（　　　　）（　　　　）

てんとうむし

なまえ

てんとうむし

かわさき　ひろし

いっぴきでも
てんとうむしだよ
ちいさくても
ぞうと　おなじ　いのちを
いっこ　もって　いる
ぼくを　みつけたら
こんにちはって　いってね
そしたら　ぼくも
てんとうむしの　ことばで
こんにちはって　いうから
きみには　きこえないけど

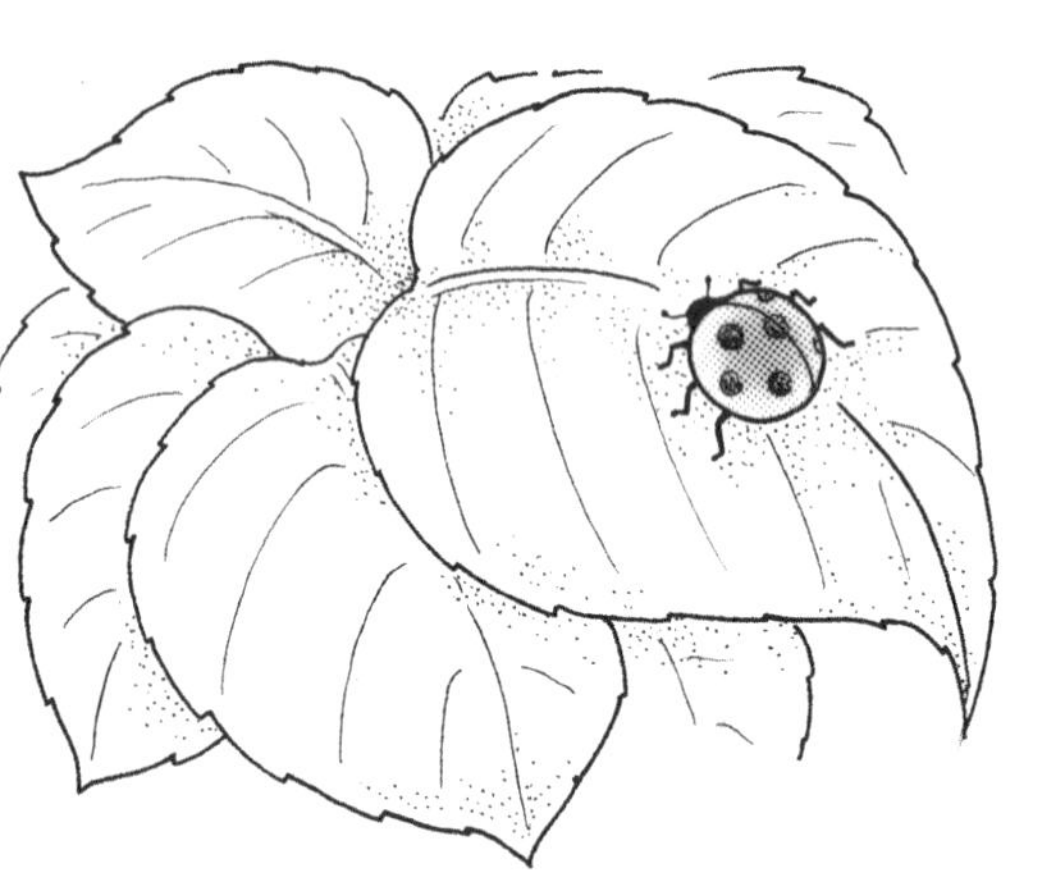

（平成二十三年度版　光村図書　こくご一年（下）　ともだち　かわさき　ひろし）

上の　しを　よんで　こたえましょう。

(1) てんとうむしは、ぞうと　くらべると、どんな　いきものですか。（20）

（　　　　）

(2) てんとうむしと　ぞうの　りょうほうが　もって　いる　ものは　なにですか。（10）

（　　　　）

(3) 「ぼく」と　いって　いるのは　てんとうむしですか、ぞうですか。どちらでしょう。（10）

（　　　　）

(4) てんとうむしは、なにを　して　ほしいと　いって　いますか。（20）

（　　　　）

(5) 「きみには　きこえないけど」と　いう　てんとうむしの　きもちに　あてはまる　ものに　ひとつ　○をしましょう。（20）

（　）きこえないから、きが　ついて　くれなくても　いいよ。
（　）きこえなくても「こんにちは。」と　いっている　ことを　わかってね。
（　）てんとうむしの　ことばを　べんきょう　してね。

(6) 「ぼく」は「きみ」と　どうしたいと　おもって　いるのか、あてはまる　ものに　ぜんぶ　○を　しましょう。（20）

（　）なかよく　なりたい。
（　）たくさん　おしゃべりしたい。
（　）きょうそう　したい。

かたちの にて いる かん字

なまえ

かたちの にて いる かん字に 気を つけて、よみがなに あう かん字を □に かきましょう。（5×20）

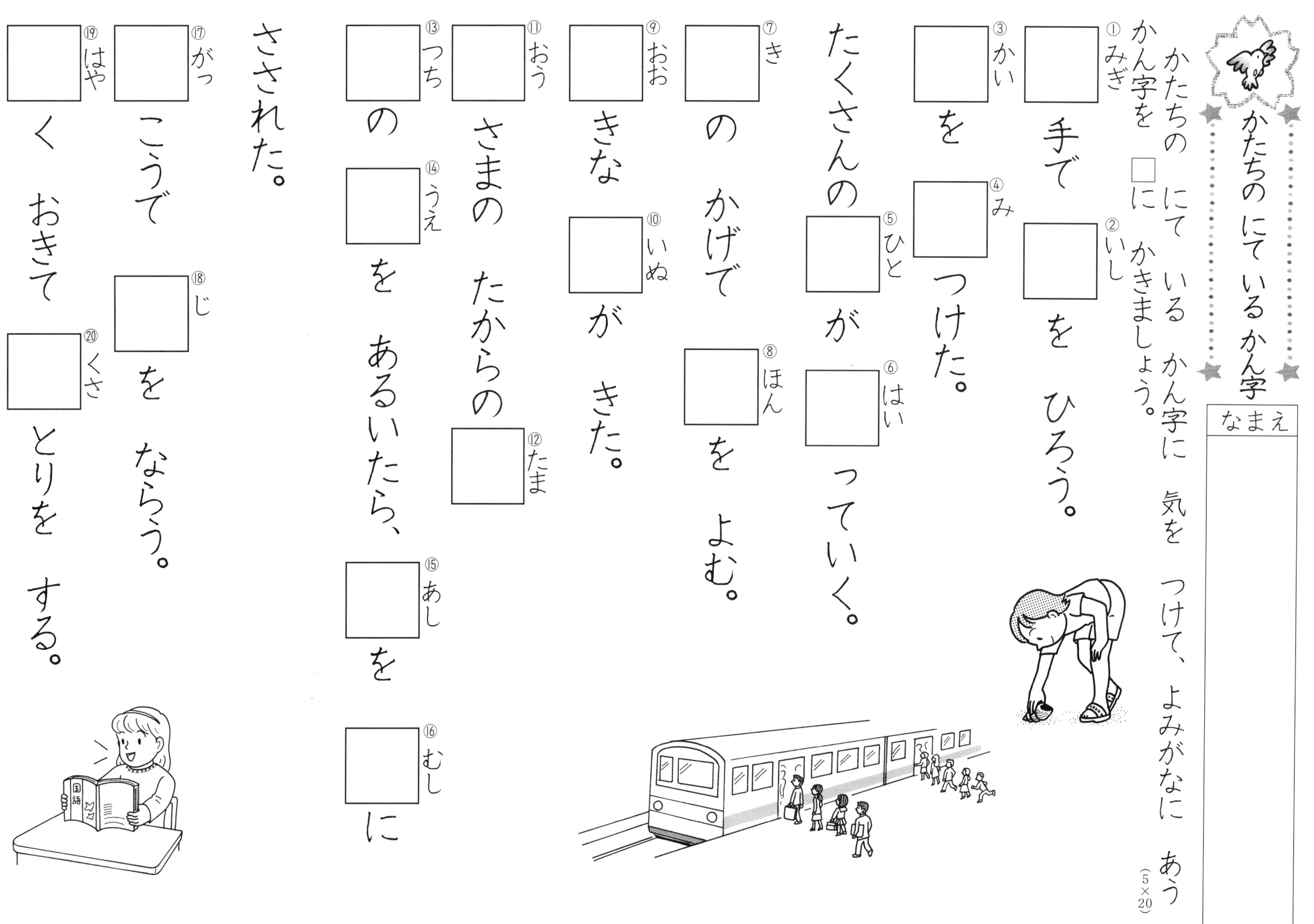

①（みぎ）□手で ②（いし）□を ひろう。

③（かい）□を ④（み）□つけた。

たくさんの ⑤（ひと）□が ⑥（はい）□っていく。

⑦（き）□の かげで ⑧（ほん）□を よむ。

⑨（おお）□きな ⑩（いぬ）□が きた。

⑪（おう）□さまの たからの ⑫（たま）□

⑬（つち）□の ⑭（うえ）□を あるいたら、⑮（あし）□を ⑯（むし）□に ささされた。

⑰（がっ）□こうで ⑱（じ）□を ならう。

⑲（はや）□く おきて ⑳（くさ）□とりを する。

ものの　名まえ　(1)

なまえ

けんじさんは、夕がた、おねえさんと　町へ　かいものに　いきました。

はじめの　おみせには、りんご、みかん、バナナなどが、ならんで　います。ふたりは、五百円で　りんごを　かいました。

この　おみせは、なにやさんでしょう。

つぎに、さかなやさんに　いきました。あじ、さば、たいなどが、ならんで　います。

けんじさんが、

「さかなを　ください。」

と　いって、千円さつを　出しました。おみせの　おじさんは、

「さかなじゃ　わからないよ。」

と、わらいながら　いいました。

おじさんは、なぜ「わからないよ。」と　いったのでしょう。

（平成二十二年度版　光村図書　こくご一年（下）ともだち）

上の　ぶんを　よんで　こたえましょう。

(1)　はじめの　おみせには、どんなものが　ならんで　いましたか。（10×3）

（　　　）（　　　）（　　　）

(2)　はじめの　おみせは、なにやさんでしょう。（10）

（　　　）

(3)　つぎに　いった　おみせは、なにやさんでしょう。（15）

（　　　）

(4)　つぎの　おみせには、どんなものが　ならんで　いましたか。（10×3）

（　　　）（　　　）（　　　）

(5)　おじさんは、なぜ「わからないよ。」と　いったのでしょう。（15）

（　　　）

ものの 名まえ (2)

なまえ

ものには、一つ一つに 名まえが ついて います。りんご、みかん、バナナなどは、一つ一つの 名まえです。

一つ一つの ものを、まとめて つけた 名まえも あります。りんご、みかん、バナナなどを まとめて つけた 名まえは、くだものです。

さかなも、まとめて つけた 名まえです。一つ一つを わけて いう ときには、あじ、さば、たい などと、一つ一つの 名まえを つかいます。

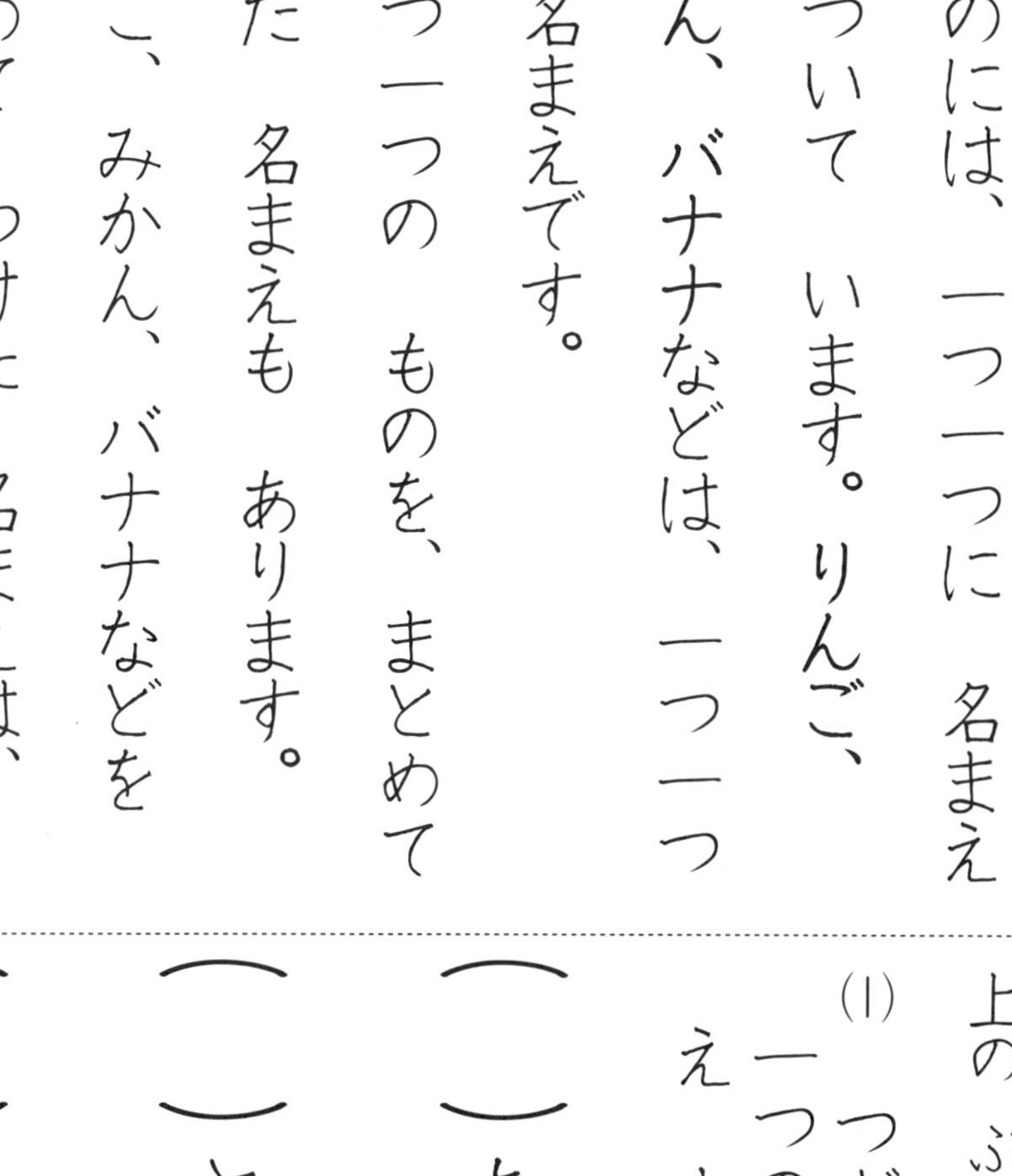

（平成二十二年度版　光村図書　こくご一年（下）ともだち）

上の ぶんを よんで こたえましょう。

(1) つぎの 名まえのうち、一つ一つの ものに ついた 名まえ 六つに ○を しましょう。（10×6）

（　）あじ　（　）みかん

（　）さかな　（　）くだもの

（　）たい　（　）さば

（　）バナナ　（　）りんご

(2) つぎの ものを、まとめて つけた 名まえは なんですか。（20×2）

① りんご、みかん、バナナなど

（　　　　）

② あじ、さば、たいなど

（　　　　）

たぬきの 糸車 (1)

なまえ

ふと 気が つくと、やぶれしょうじの あなから、二つの くりくりした 目玉が、こちらを のぞいて いました。

糸車が キークルクルと まわるに つれて、二つの 目玉も、くるりくるりと まわりました。そして、月の あかるい しょうじに、糸車を まわす まねを する たぬきの かげが うつりました。

おかみさんは、おもわず ふき出しそうに なりましたが、だまって 糸車を まわして いました。

それからと いう もの、たぬきは、まいばん まいばん やって きて、糸車を まわす まねを くりかえしました。

「いたずらもんだが、かわいいな。」

上の ぶんを よんで こたえましょう。（(1)〜(5) 各20）

(1) やぶれしょうじの あなから、のぞいて いたのは なにですか。

（　　　　）

(2) 糸車が まわるに つれて、二つの 目玉は どうなりましたか。

（　　　　）

(3) しょうじに うつったのは なにですか。六もじで かきましょう。

(4) ふき出しそうに なった おかみさんは、どうしましたか。

（　　　　）

(5) おかみさんは、たぬきを どう おもいましたか。

（　　　　）

（平成二十三年度版　光村図書　こくご一年（下）ともだち　きし　なみ）

たぬきの 糸車 (2)

なまえ

そっと のぞくと、いつかの たぬきが、じょうずな 手つきで、糸を つむいで いるのでした。たぬきは、つむぎおわると、こんどは、いつも おかみさんが して いた とおりに、たばねて わきに つみかさねました。

たぬきは、ふいに、おかみさんが のぞいて いるのに 気が つきました。

たぬきは、ぴょこんと そとに とび下りました。そして、うれしくて たまらない と いうように、ぴょんぴょこ おどりながら かえって いきましたとさ。

(平成二十三年度版 光村図書 こくご一年（下） ともだち きし なみ)

上の ぶんを よんで こたえましょう。 ((1)～(4) 各20)

(1) そっと のぞいたのは、だれですか。

（　　　　）

(2) そっと のぞくと、たぬきは なにを して いましたか。

（　　　　）

(3) たぬきは つむぎおわると、なにを しましたか。

（　　　　）

(4) おかみさんが のぞいて いるのに 気が ついた たぬきは どうしましたか。

（　　　　）

(5) たぬきは どんな ようすで かえって いきましたか。 (10×2)

（　　　　）と いうように、ぴょんぴょこ（　　　　）かえって いきましたとさ。

えの なかに かんじが かくれているよ。みつけて □に かこう。いろも ぬってみよう。

なまえ

ろくべえ まってろよ (1)

なまえ

ろくべえが　まるく　なって　しまったので、みんな、しんぱいに　なって　きました。

「ろくべえ。」

よびかけても、ろくべえは、ちょっと　目を　上(あ)げるだけです。

「ろくべえ。げん気　出しい。」

えいじくんは、そう　いって、「どんぐりころころ」の　うたを　うたいました。

「もっと　けいきの　ええ　うたを　うたわな　あかん。」

かんちゃんは、おとなのような　ことを　いって、「おもちゃの　チャチャチャ」を　うたいだしました。

みんなも　うたいました。

ろくべえは、やっぱり、ちょっと　目を　上げただけです。

「ろくべえは、シャボン玉が　すきでしょ。シャボン玉を　ふいて　あげたら、げん気が　出るかも……。」

みすずちゃんが、やさしい　こえで　いいました。

（平成二十三年度版 学校図書 みんなとまなぶ しょうがっこうこくご一年（下） はいたにけんじろう）

上の　ぶんを　よんで　こたえましょう。（(1)〜(5) 各20）

(1) みんなが、しんぱいに　なって　きたのは　どうしてですか。

(2) 「ろくべえ。」と　よびかけられたろくべえは、どうしましたか。

(3) みんなも　うたを　うたったのは　どうしてですか。

(4) みんなの　うたを　きいて、ろくべえは　どうしましたか。

(5) ろくべえに　げん気を　出して　もらうために、みすずちゃんが　かんがえたことは　なんでしょう。

※「ろくべえまってろよ」の教材は、三省堂の二十三年度版一年生国語教科書にも掲載されています。

ろくべえ まってろよ (2)

なまえ

もう、だれも あてに できません。

みんな、口を きゅっと むすんで、あたまが いたく なるほど かんがえました。

「そや。」

とつぜん、かんちゃんが、大ごえを 出しました。

「みすずちゃんとこの クッキーを、かごの 中に 入れて 下ろしたら……。」

なるほどと、みんな おもいました。クッキーは、ろくべえの こいびとです。クッキーは、よろこんで かごに のる ことでしょう。そこを つり上げると いう わけです。

名（めい）あん。名あん。

「クッキーを つれて くる。」

みすずちゃんは いいました。

（平成二十三年度版 学校図書 みんなとまなぶ しょうがっこうこくご一年（下） はいたにけんじろう）

※「ろくべえまってろよ」の教材は、三省堂の二十三年度版一年生国語教科書にも掲載されています。

上の ぶんを よんで こたえましょう。

(1) みんなが、あたまが いたく なるほど かんがえたのは どうしてでしょう。（20）

（　　　）

(2) かんちゃんが、かんがえたことは なんでしょう。（20）

（　　　）

(3) みんなが、なるほどと おもったのは なぜですか。じゅんばんに かいて みましょう。（20×3）

① クッキーは ろくべえの（　　　）

② ろくべえは よろこんで（　　　）

③ ろくべえが かごに のると（　　　）

どうぶつの　赤ちゃん(1)

なまえ

ライオンの　赤ちゃんは、じぶんでは　あるく　ことができません。よそへ　いく　ときは、おかあさんに、口に　くわえてはこんで　もらうのです。
ライオンの　赤ちゃんは、生まれて　二か月ぐらいは、おちちだけのんで　いますが、やがて、おかあさんの　とった　えものを　たべはじめます。一年ぐらい　たつと、おかあさんや　なかまが　するのを見て、えものの　とりかたを　おぼえます。そして、じぶんで　つかまえて　たべるように　なります。

（平成二十三年度版　光村図書　こくご一年（下）　ともだち　ますい　みつこ）

上の　ぶんを　よんで　こたえましょう。（(1)〜(5)　各20）

(1) 生まれたばかりの　ライオンの　赤ちゃんは、あるくことができますか。

（　　　　）

(2) ライオンの　赤ちゃんは、よそへ　いく　ときは　どうしますか。

（　　　　）

(3) ライオンの　赤ちゃんが　おちちだけ　のんで　いるのは、どれぐらいの　あいだですか。

（　　　　）

(4) ライオンの　赤ちゃんが　えものの　とりかたを　おぼえるのは　生まれて　どれぐらい　たってからですか。

（　　　　）

(5) ライオンの　赤ちゃんは、えものの　とりかたを　どのようにして　おぼえますか。

（　　　　）

どうぶつの　赤ちゃん(2)

なまえ

しまうまの　赤ちゃんは、生まれた　ときに、もう　やぎぐらいの　大きさが　あります。目は　あいて　いて、耳も　ぴんと　たって　います。しまの　もようも　ついて　いて、おかあさんに　そっくりです。

しまうまの　赤ちゃんは、生まれて　三十ぷんも　たたない　うちに、じぶんで　たち　上がります。[①]、つぎの　日には、はしるように　なります。[②]、つよい　どうぶつに　おそわれても、おかあさんや　なかまと　いっしょに　にげる　ことが　できるのです。

しまうまの　赤ちゃんが、おかあさんの　おちちだけ　のんで　いるのは、たった　七日ぐらいの　あいだです。その　あとは、おちちも　のみますが、じぶんで　草も　たべるように　なります。

※イラストは学研の動物図鑑と、教科書の文意を参考に作成しました。
（平成二十三年度版　光村図書　こくご一年（下）ともだち　ますい みつこ）

上の　ぶんを　よんで　こたえましょう。

(1)　しまうまの　赤ちゃんは、生まれた　とき、どれぐらいの　大きさですか。（20）

（　　　　　　　　）

(2)　しまうまの　赤ちゃんが、生まれた　あとの　ようすに　ついて　かきましょう。（20×3）

①　三十ぷんも　たたない　うちに、どうしますか。

（　　　　　　　　）

②　つぎの　日には、どうなりますか。

（　　　　　　　　）

③　七日ぐらい　たった　あと、おちちを　のむ　ほかに、なにを　しますか。

（　　　　　　　　）

(3)　[①][②]に　あてはまる　ことばを　一つ　えらんで　○を　しましょう。（10×2）

[①]
（　）そして
（　）だから
（　）けれども

[②]
（　）そして
（　）だから
（　）けれども

えの　なかに　かんじが　かくれているよ。みつけて　□に　かこう。いろも　ぬってみよう。
なまえ

改訂版

豊かな読解力がつく 国語プリント一年生 解答例

※　物語文や説明文の答えは、文意があっていれば、〇をして下さい。

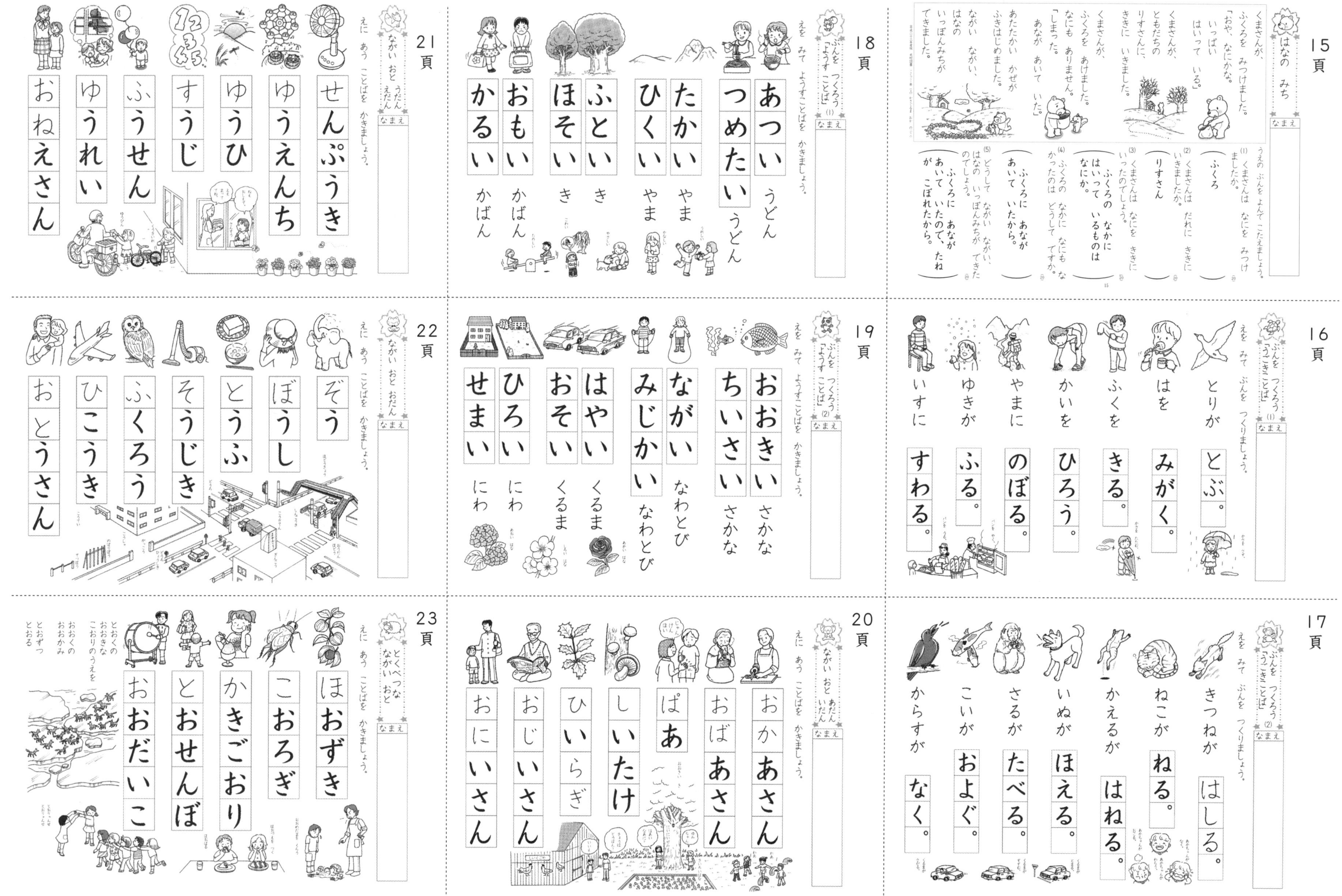

15頁

はなの　みち

くまさんが、
ふくろを　みつけました。
「おや、なにかな。
いっぱい
はいって　いる。」
くまさんが、
ともだちの
りすさんに、
ききに　いきました。
くまさんが、
ふくろを　あけました。
なにも　ありません。
「しまった。
あなが　あいて　いた。」
あたたかい　かぜが
ふきはじめました。
ながい　ながい、
はなの
いっぽんみちが
できました。

うえの　ぶんを　よんで　こたえましょう。

(1) くまさんは　なにを　みつけましたか。
（ふくろ）

(2) くまさんは　だれに　ききに　いきましたか。
（りすさん）

(3) くまさんは　なにを　ききに　いったのでしょう。
（ふくろの　なかに　はいって　いるものは　なにか。）

(4) ふくろの　なかに　なにも　なかったのは　どうして　ですか。
（ふくろに　あなが　あいて　いたから。）

(5) どうして　ながい　ながい、はなの　いっぽんみちが　できたのでしょう。
（ふくろに　あなが　あいて　いたので、たねが　こぼれたから。）

16頁

ぶんを　つくろう「うごきことば」(1)

えを　みて　ぶんを　つくりましょう。

とりが　とぶ。
はを　みがく。
ふくを　きる。
かいを　ひろう。
やまに　のぼる。
ゆきが　ふる。
いすに　すわる。

17頁

ぶんを　つくろう「うごきことば」(2)

えを　みて　ぶんを　つくりましょう。

きつねが　はしる。
ねこが　ねる。
かえるが　はねる。
いぬが　ほえる。
さるが　たべる。
こいが　およぐ。
からすが　なく。

18頁

ぶんを　つくろう「ようすことば」(1)

えを　みて　ようすことばを　かきましょう。

あつい　うどん
つめたい　うどん
たかい　やま
ひくい　やま
ふとい　き
ほそい　き
おもい　かばん
かるい　かばん

19頁

ぶんを　つくろう「ようすことば」(2)

えを　みて　ようすことばを　かきましょう。

おおきい　さかな
ちいさい　さかな
ながい　なわとび
みじかい　なわとび
はやい　くるま
おそい　くるま
ひろい　にわ
せまい　にわ

20頁

ながい　おと　あだん　いだん

えに　あう　ことばを　かきましょう。

おかあさん
おばあさん
ぱあ
しいたけ
ひいらぎ
おじいさん
おにいさん

21頁

ながい　おと　うだん　えだん

えに　あう　ことばを　かきましょう。

せんぷうき
ゆうえんち
ゆうひ
すうじ
ふうせん
ゆうれい
おねえさん

22頁

ながい　おと　おだん

えに　あう　ことばを　かきましょう。

ぞう
ぼうし
とうふ
そうじき
ふくろう
ひこうき
おとうさん

23頁

とくべつな　ながい　おと

えに　あう　ことばを　かきましょう。

ほおずき
こおろぎ
かきごおり
とおせんぼ
おおだいこ

とおくの
おおきな
こおりのうえを
おおくの
おおかみ
とおずつ
とおる

※　物語文や説明文の答えは、文意があっていれば、○をして下さい。

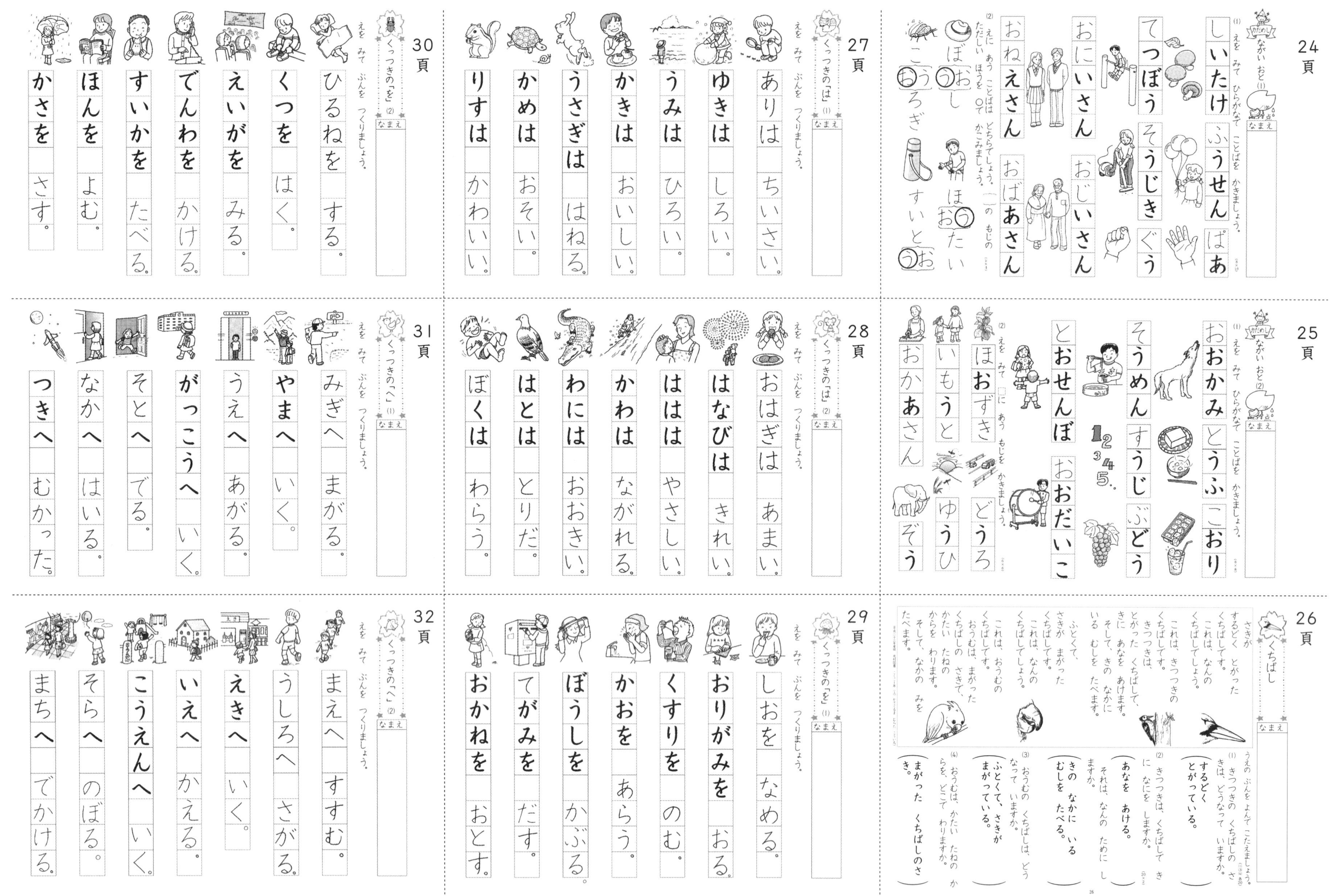

24頁

かたかな　ながい おと (1)　なまえ

(1) えを みて ひらがなで ことばを かきましょう。

しいたけ　ふうせん　ぱあ
てつぼう　そうじき　ぐう
おにいさん　おじいさん
おねえさん　おばあさん

(2) えに あう ことばは どちらでしょう。ただしい ほうを ○で かこみましょう。

ぼ（㋒・お）し　ほ（お・㋒）たい　こ（㋔・う）ろぎ　すいと（㋒・お）

25頁

かたかな　ながい おと (2)　なまえ

(1) えを みて ひらがなで ことばを かきましょう。

おおかみ　とうふ　こおり
そうめん　すうじ　ぶどう
とおせんぼ　おおだいこ

(2) えを みて □に あう もじを かきましょう。

ほおずき　どうろ
いもうと　ゆうひ
おかあさん　ぞう

26頁

くちばし　なまえ

さきが するどく とがった くちばしです。
これは、なんの くちばしでしょう。
これは、きつつきの くちばしです。
きつつきは、とがった くちばしで、きに あなを あけます。そして、きの なかに いる むしを たべます。
ふとくて、さきが まがった くちばしです。
これは、なんの くちばしでしょう。
これは、おうむの くちばしです。
おうむは、まがった くちばしの さきで、かたい たねの からを わります。そして、なかの みを たべます。

うえの ぶんを よんで こたえましょう。

(1) きつつきの くちばしの さきは、どうなって いますか。
（するどく とがっている。）

(2) きつつきは、くちばしで きに なにを しますか。
（あなを あける。）
それは、なんの ために しますか。
（きの なかに いる むしを たべる。）

(3) おうむの くちばしは、どうなって いますか。
（ふとくて、さきが まがっている。）

(4) おうむは、かたい たねの からを、どこで わりますか。
（まがった くちばしの さき。）

27頁

くっつきの「は」(1)　なまえ

えを みて ぶんを つくりましょう。

ありは ちいさい。
ゆきは しろい。
うみは ひろい。
かきは おいしい。
うさぎは はねる。
かめは おそい。
りすは かわいい。

28頁

くっつきの「は」(2)　なまえ

えを みて ぶんを つくりましょう。

おはぎは あまい。
はなびは きれい。
ははは やさしい。
かわは ながれる。
わには おおきい。
はとは とりだ。
ぼくは わらう。

29頁

くっつきの「を」(1)　なまえ

えを みて ぶんを つくりましょう。

しおを なめる。
おりがみを おる。
くすりを のむ。
かおを あらう。
ぼうしを かぶる。
てがみを だす。
おかねを おとす。

30頁

くっつきの「を」(2)　なまえ

えを みて ぶんを つくりましょう。

ひるねを する。
くつを はく。
えいがを みる。
でんわを かける。
すいかを たべる。
ほんを よむ。
かさを さす。

31頁

くっつきの「へ」(1)　なまえ

えを みて ぶんを つくりましょう。

みぎへ まがる。
やまへ いく。
うえへ あがる。
がっこうへ いく。
そとへ でる。
なかへ はいる。
つきへ むかった。

32頁

くっつきの「へ」(2)　なまえ

えを みて ぶんを つくりましょう。

まえへ すすむ。
うしろへ さがる。
えきへ いく。
いえへ かえる。
こうえんへ いく。
そらへ のぼる。
まちへ でかける。

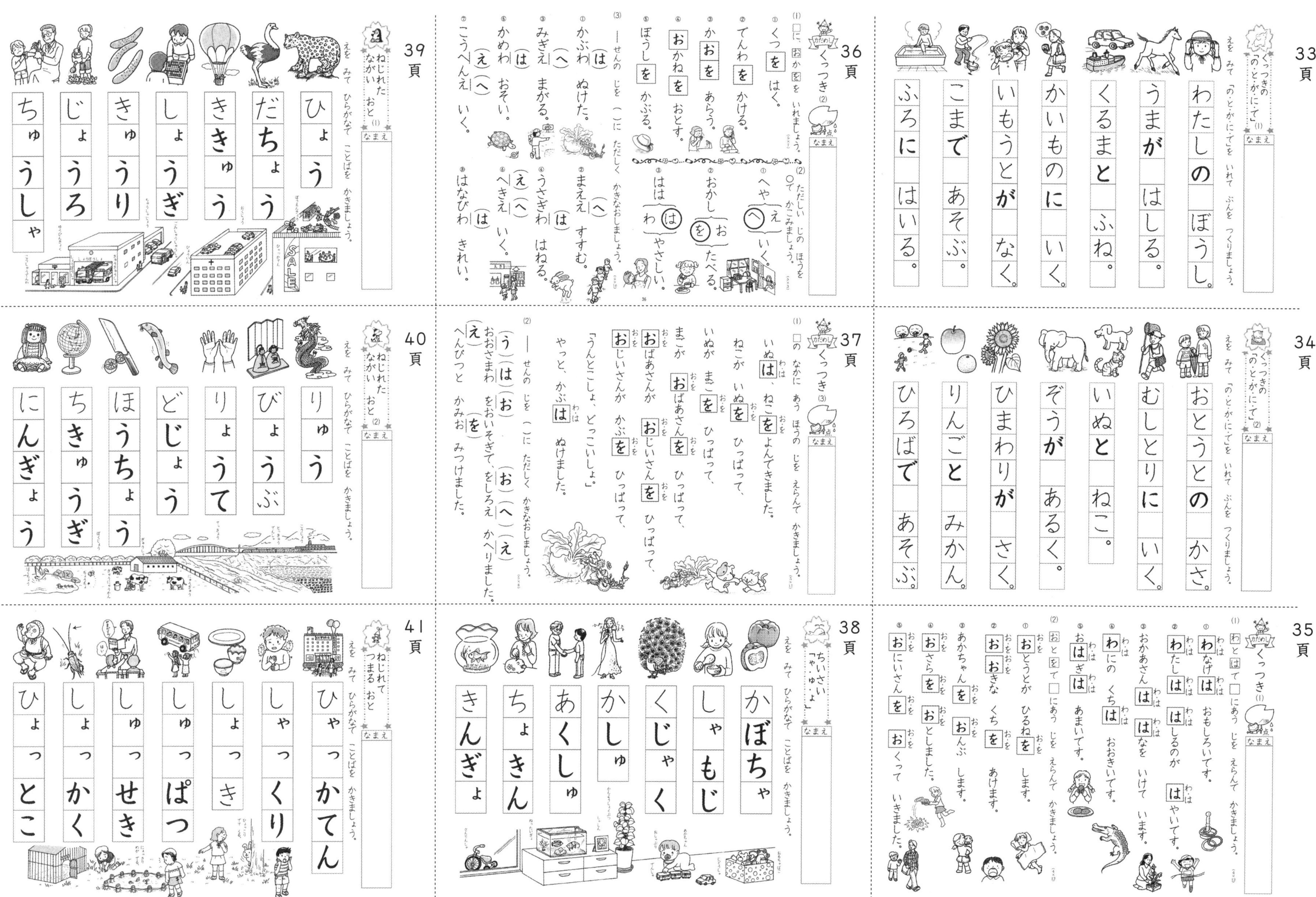

33頁

くっつきの「の・と・が・に・で」(1) なまえ

えを みて 「の・と・が・に・で」を いれて ぶんを つくりましょう。

わたしの ぼうし。
うまが はしる。
くるまと ふね。
かいものに いく。
いもうとが なく。
こまで あそぶ。
ふろに はいる。

34頁

くっつきの「の・と・が・に・で」(2) なまえ

えを みて 「の・と・が・に・で」を いれて ぶんを つくりましょう。

おとうとの かさ。
むしとりに いく。
いぬと ねこ。
ぞうが あるく。
ひまわりが さく。
りんごと みかん。
ひろばで あそぶ。

35頁

くっつき(1) なまえ

(1) わ と は で □に あう じを えらんで かきましょう。

① わなげは おもしろいです。
② わたしは はしるのが はやいです。
③ おかあさんは はなを いけて います。
④ わにの くちは おおきいです。
⑤ おはぎは あまいです。

(2) お と を で □に あう じを えらんで かきましょう。

① おとうとが ひるねを します。
② おおきな くちを あけます。
③ あかちゃんを おんぶ します。
④ おさらを おとしました。
⑤ おにいさんを おくって いきました。

36頁

くっつき(2) なまえ

(1) □に、お か を を いれましょう。

① くつを はく。
② でんわを かける。
③ かおを あらう。
④ おかねを おとす。
⑤ ぼうしを かぶる。

(2) ただしい じの ほうを ○で かこみましょう。

① へや {へ/え} いく。
② おかし {を/お} たべる。
③ はは {わ/は} やさしい。

(3) ―せんの じを ( )に ただしく かきなおしましょう。

① かぶわ (は) ぬけた。
② まええ (へ) すすむ。
③ みぎえ (へ) まがる。
④ うさぎわ (は) はねる。
⑥ かめわ (は) おそい。
⑥ へきえ (え)(へ) いく。
⑦ こうへんえ (え)(へ) いく。
⑧ はなびわ (は) きれい。

37頁

くっつき(3) なまえ

(1) □の なかに あう ほうの じを えらんで かきましょう。

いぬは ねこを よんできました。
ねこが いぬを ひっぱって、
いぬが まごを ひっぱって、
まごが おばあさんを ひっぱって、
おばあさんが おじいさんを ひっぱって、
おじいさんが かぶを ひっぱって、
「うんとこしょ、どっこいしょ。」
やっと、かぶは ぬけました。

(2) ―せんの じを ( )に ただしく かきなおしましょう。

おおさまわ (う)(は) をおいそぎで、(お) をしろえ (お)(へ) かへりました。(え)
へんぴつと かみお (え)(を) みつけました。

38頁

ちいさい「ゃ ゅ ょ」 なまえ

えを みて ひらがなで ことばを かきましょう。

かぼちゃ
しゃもじ
くじゃく
かしゅ
あくしゅ
ちょきん
きんぎょ

39頁

ねじれた ながい おと(1) なまえ

えを みて ひらがなで ことばを かきましょう。

ひょう
だちょう
ききゅう
しょうぎ
きゅうり
じょうろ
ちゅうしゃ

40頁

ねじれた ながい おと(2) なまえ

えを みて ひらがなで ことばを かきましょう。

りゅう
びょうぶ
りょうて
どじょう
ほうちょう
ちきゅうぎ
にんぎょう

41頁

ねじれて つまる おと なまえ

えを みて ひらがなで ことばを かきましょう。

ひゃっかてん
しゃっくり
しょっき
しゅっぱつ
しゅっせき
しょっかく
ひょっとこ

※ 物語文や説明文の答えは、文意があっていれば、○をして下さい。

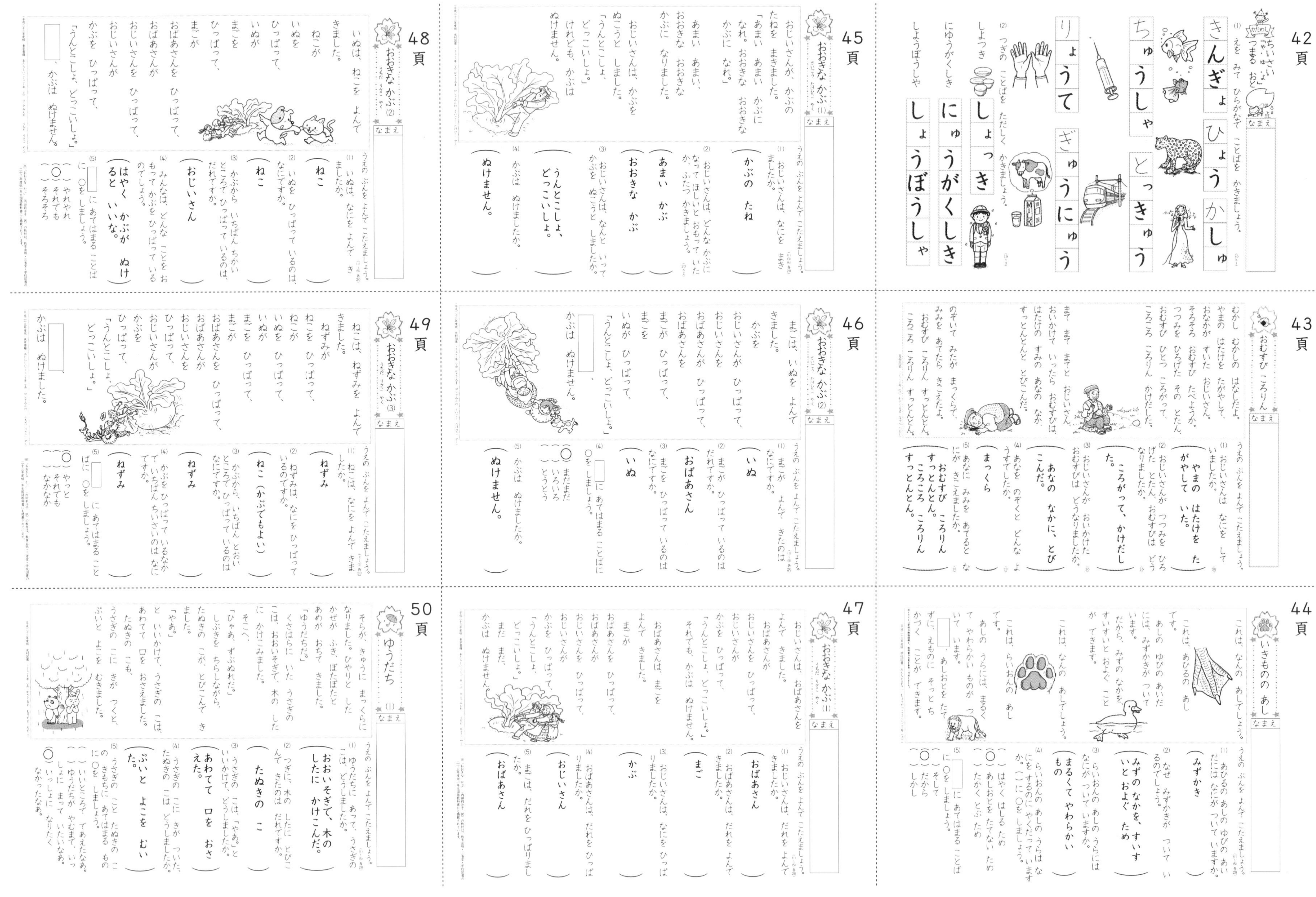

42頁

ちいさい「ゃ」「ゅ」「ょ」 つまる おと

なまえ

(1) えを みて ひらがなで ことばを かきましょう。

きんぎょ　ひょう　かしゅ

ちゅうしゃ　とっきゅう

りょうて　ぎゅうにゅう

(2) つぎの ことばを ただしく かきましょう。

しょっき　（しょっき）

にゅうがくしき　（にゅうがくしき）

しょうぼうしゃ　（しょうぼうしゃ）

43頁

おむすび ころりん

なまえ

むかし むかしの はなしだよ。やまの はたけを たがやして、おなかが すいた おじいさん。そろそろ おむすび たべようか。つつみを ひろげた その とたん、おむすび ひとつ ころがって、ころころ ころりん かけだした。まて まて まてと おじいさん、おいかけて いったら おむすびは、はたけの すみの あなの なか すっとんとんと とびこんだ。のぞいて みたが まっくらで、みみを あてたら きこえたよ。ころころ ころりん すっとんとん。ころころ ころりん すっとんとん。

うえの ぶんを よんで こたえましょう。

(1) おじいさんは なにを して いましたか。
（やまの はたけを たがやして いた。）

(2) おじいさんが つつみを ひろげた とたん、おむすびは どう なりましたか。
（ころがって、かけだした。）

(3) おじいさんが おいかけた おむすびは どうなりましたか。
（あなの なかに、とびこんだ。）

(4) あなを のぞくと どんな ようすでしたか。
（まっくら）

(5) あなに みみを あてると なにが きこえましたか。
（おむすび ころりん すっとんとん。ころころ ころりん すっとんとん。）

44頁

いきものの あし

なまえ

これは、なんの あしでしょう。

これは、あひるの あし です。あしの ゆびの あいだには、みずかきが ついて います。だから、みずの なかを、すいすいと およぐ ことが できます。

これは、なんの あしでしょう。

これは、らいおんの あし です。あしの うらには、まるくて やわらかい ものが ついて います。□、あしおとを たてずに、えものに そっと ちかづく ことが できます。

うえの ぶんを よんで こたえましょう。（(1)〜(5) 各20）

(1) あひるの あしの ゆびの あいだには なにが ついて いますか。
（みずかき）

(2) なぜ みずかきが ついて いるのでしょう。
（みずの なかを、すいすいと およぐ ため）

(3) らいおんの あしの うらには なにが ついて いますか。
（まるくて やわらかい もの）

(4) らいおんの あしの うらは なにを するのに やくだって いますか。（ ）に ○を しましょう。
（ ）はやく はしる ため
（○）あしおとを たてない ため
（ ）たかく とぶ ため

(5) □に あてはまる ことばに ○を しましょう。
（ ）そして
（○）だから
（ ）しかし

45頁

おおきな かぶ (1)

なまえ

おじいさんが、かぶの たねを まきました。「あまい あまい かぶに なれ。おおきな おおきな かぶに なれ。」あまい あまい、おおきな おおきな かぶに なりました。おじいさんは、かぶを ぬこうと しました。「うんとこしょ、どっこいしょ。」けれども、かぶは ぬけません。

うえの ぶんを よんで こたえましょう。

(1) おじいさんは、なにを まきましたか。
（かぶの たね）

(2) おじいさんは、どんな かぶに なって ほしいと おもって いたか、ふたつ かきましょう。
（あまい かぶ）
（おおきな かぶ）

(3) おじいさんは、なんと いって かぶを ぬこうと しましたか。
（うんとこしょ、どっこいしょ。）

(4) かぶは ぬけましたか。
（ぬけません。）

46頁

おおきな かぶ (2)

なまえ

まごは、いぬを よんで きました。かぶを おじいさんが ひっぱって、おじいさんを おばあさんが ひっぱって、おばあさんを まごが ひっぱって、まごを いぬが ひっぱって、「うんとこしょ、どっこいしょ。」かぶは □、ぬけません。

うえの ぶんを よんで こたえましょう。（(1)〜(5) 各20）

(1) まごが よんで きたのは なにですか。
（いぬ）

(2) まごが ひっぱって いるのは だれですか。
（おばあさん）

(3) まごを ひっぱって いるのは なにですか。
（いぬ）

(4) □に あてはまる ことばに ○を しましょう。
（○）まだまだ
（ ）いろいろ
（ ）とうとう

(5) かぶは ぬけましたか。
（ぬけません。）

47頁

おおきな かぶ (1)

なまえ

おじいさんは、おばあさんを よんで きました。おばあさんが おじいさんを ひっぱって、おじいさんが かぶを ひっぱって、「うんとこしょ、どっこいしょ。」それでも、かぶは ぬけません。おばあさんは、まごを よんで きました。まごが おばあさんを ひっぱって、おばあさんが おじいさんを ひっぱって、おじいさんが かぶを ひっぱって、「うんとこしょ、どっこいしょ。」まだ まだ、かぶは ぬけません。

うえの ぶんを よんで こたえましょう。（(1)〜(5) 各20）

(1) おじいさんは、だれを よんで きましたか。
（おばあさん）

(2) おばあさんは、だれを よんで きましたか。
（まご）

(3) おじいさんは、なにを ひっぱりましたか。
（かぶ）

(4) おばあさんは、だれを ひっぱりましたか。
（おじいさん）

(5) まごは、だれを ひっぱりましたか。
（おばあさん）

48頁

おおきな かぶ (2)

なまえ

いぬは、ねこを よんで きました。ねこが いぬを ひっぱって、いぬが まごを ひっぱって、まごが おばあさんを ひっぱって、おばあさんが おじいさんを ひっぱって、おじいさんが かぶを ひっぱって、「うんとこしょ、どっこいしょ。」□、かぶは ぬけません。

うえの ぶんを よんで こたえましょう。（(1)〜(5) 各20）

(1) いぬは、なにを よんで きましたか。
（ねこ）

(2) いぬを ひっぱって いるのは、なにですか。
（ねこ）

(3) かぶから いちばん ちかい ところで ひっぱって いるのは、だれですか。
（おじいさん）

(4) みんなは、どんな ことを おもって かぶを ひっぱって いるのでしょう。
（はやく かぶが ぬけると いいな。）

(5) □に あてはまる ことばに ○を しましょう。
（ ）やれやれ
（○）それでも
（ ）そろそろ

49頁

おおきな かぶ (3)

なまえ

ねこは、ねずみを よんで きました。ねずみが ねこを ひっぱって、ねこが いぬを ひっぱって、いぬが まごを ひっぱって、まごが おばあさんを ひっぱって、おばあさんが おじいさんを ひっぱって、おじいさんが かぶを ひっぱって、「うんとこしょ、どっこいしょ。」かぶは □、ぬけました。

うえの ぶんを よんで こたえましょう。（(1)〜(5) 各20）

(1) ねこは、なにを よんで きましたか。
（ねずみ）

(2) ねずみは、なにを ひっぱって いるのですか。
（ねこ（かぶでもよい））

(3) かぶから、いちばん とおい ところで ひっぱって いるのは なにですか。
（ねずみ）

(4) かぶを ひっぱって いるなかで いちばん ちいさいのは なにですか。
（ねずみ）

(5) □に あてはまる ことばに ○を しましょう。
（○）やっと
（ ）それでも
（ ）なかなか

50頁

ゆうだち (1)

なまえ

そらが、きゅうに まっくらに なりました。ひやりと した かぜが ふき、ぽたぽたと あめが おちて きました。「ゆうだちだ。」くさはらに いた うさぎの こは、おおいそぎで、木の したに かけこみました。そこへ、「ひゃあ、ずぶぬれだ。」しぶきを ちらしながら、たぬきの こが、とびこんで きました。「やあ。」と いいかけて、うさぎの こは、あわてて 口を おさえました。たぬきの こも。うさぎの こに きが つくと、ぷいと よこを むきました。

うえの ぶんを よんで こたえましょう。（(1)〜(5) 各20）

(1) ゆうだちに あって、うさぎの こは、どうしましたか。
（おおいそぎで、木の したに かけこんだ。）

(2) つぎに、木の したに とびこんで きたのは だれですか。
（たぬきの こ）

(3) うさぎの こは、「やあ。」と いいかけて、どうしましたか。
（あわてて 口を おさえた。）

(4) うさぎの こに きが ついた、たぬきの こは どうしましたか。
（ぷいと よこを むいた。）

(5) うさぎの こと たぬきの こ の きもちに あてはまる ものに ○を しましょう。
（ ）いいところで であえたなあ。
（ ）ゆうだちが やむまで、いっしょに まって いたいなあ。
（○）いっしょに なりたく なかったなあ。

※　物語文や説明文の答えは、文意があっていれば、○をして下さい。

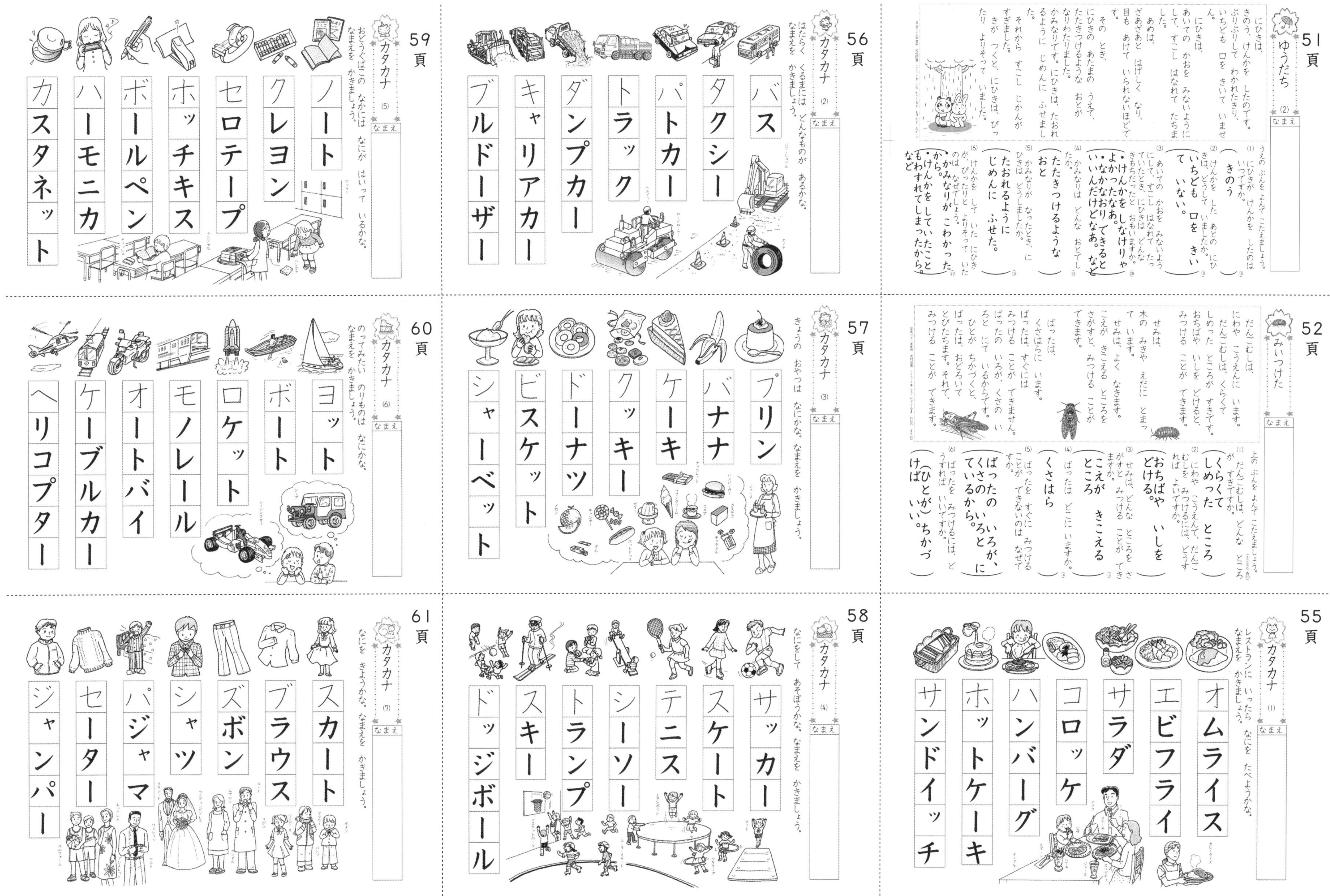

51頁

ゆうだち　(2)　なまえ

にひきは、きのう、けんかを　したのです。ぷりぷりして　わかれたきり、いちども　口を　きいて　いません。

にひきは、あいての　かおを　みないように　して、すこし　はなれて　たちました。

あめは、ざあざあと　はげしく　なり、目も　あけて　いられないほどです。

その　とき、にひきの　あたまの　うえで、たたきつけるような　おとが　なりわたりました。かみなりです。にひきは、たおれるように　じめんに　ふせました。

それから　すこし　じかんが　すぎました。きが　つくと、にひきは、ぴったり　よりそって　いました。

うえの　ぶんを　よんで　こたえましょう。

(1) にひきが　けんかを　したのは　いつですか。（きのう）

(2) けんかを　した　あとの　にひきは、どうして　いましたか。（いちども　口を　きいて　いない。）

(3) あいての　かおを　みないように　して、すこし　はなれて　たっていたとき、にひきは　どんな　きもちだったと　おもいますか。（・けんかを　しなけりゃ　よかったなあ。・なかなおり　できると　いいんだけどなあ。など）

(4) かみなりは　どんな　おとでしたか。（たたきつけるような　おと）

(5) かみなりが　なったとき、にひきは　どうしましたか。（たおれるように　じめんに　ふせた。）

(6) けんかを　して　いた　にひきが、ぴったりと　よりそって　いたのは　なぜでしょう。（・かみなりが　こわかったから。・けんかを　して　いたことも　わすれて　しまったから。など）

52頁

みいつけた　なまえ

だんごむしは、にわや　こうえんに　います。だんごむしは、くらくて　しめった　ところが　すきです。おちばや　いしを　どけると、みつける　ことが　できます。

せみは、木の　みきや　えだに　とまって　います。せみは、よく　なきます。こえが　きこえる　ところを　さがすと、みつける　ことが　できます。

ばったは、くさはらに　います。ばったは、すぐには　みつける　ことが　できません。ばったの　いろが、くさの　いろと　にて　いるからです。ひとが　ちかづくと、ばったは、おどろいて　とびたちます。それで、みつける　ことが　できます。

上の　ぶんを　よんで　こたえましょう。

(1) だんごむしは、どんな　ところが　すきですか。（くらくて　しめった　ところ）

(2) にわや　こうえんで、だんごむしを　みつけるには、どうすれば　よいですか。（おちばや　いしを　どける。）

(3) せみは、どんな　ところを　さがすと　みつける　ことが　できますか。（こえが　きこえる　ところ）

(4) ばったは　どこに　いますか。（くさはら）

(5) ばったを　すぐに　みつける　ことが　できないのは　なぜですか。（ばったの　いろが、くさの　いろと　にているから。）

(6) ばったを　みつけるには、どうすれば　いいですか。（(ひとが)ちかづけば　いい。）

55頁

カタカナ　(1)　なまえ

レストランに　いったら　なにを　たべようかな。なまえを　かきましょう。

オムライス　エビフライ　サラダ　コロッケ　ハンバーグ　ホットケーキ　サンドイッチ

56頁

カタカナ　(2)　なまえ

はたらく　くるまには　どんなものが　あるかな。なまえを　かきましょう。

バス　タクシー　パトカー　トラック　ダンプカー　キャリアカー　ブルドーザー

57頁

カタカナ　(3)　なまえ

きょうの　おやつは　なにかな。なまえを　かきましょう。

プリン　バナナ　ケーキ　クッキー　ドーナツ　ビスケット　シャーベット

58頁

カタカナ　(4)　なまえ

なにをして　あそぼうかな。なまえを　かきましょう。

サッカー　スケート　テニス　シーソー　トランプ　スキー　ドッジボール

59頁

カタカナ　(5)　なまえ

おどうぐばこの　なかには　なにが　はいって　いるかな。なまえを　かきましょう。

ノート　クレヨン　セロテープ　ホッチキス　ボールペン　ハーモニカ　カスタネット

60頁

カタカナ　(6)　なまえ

のってみたい　のりものは　なにかな。なまえを　かきましょう。

ヨット　ボート　ロケット　モノレール　オートバイ　ケーブルカー　ヘリコプター

61頁

カタカナ　(7)　なまえ

なにを　きようかな。なまえを　かきましょう。

スカート　ブラウス　ズボン　シャツ　パジャマ　セーター　ジャンパー

※　物語文や説明文の答えは、文意があっていれば、〇をして下さい。

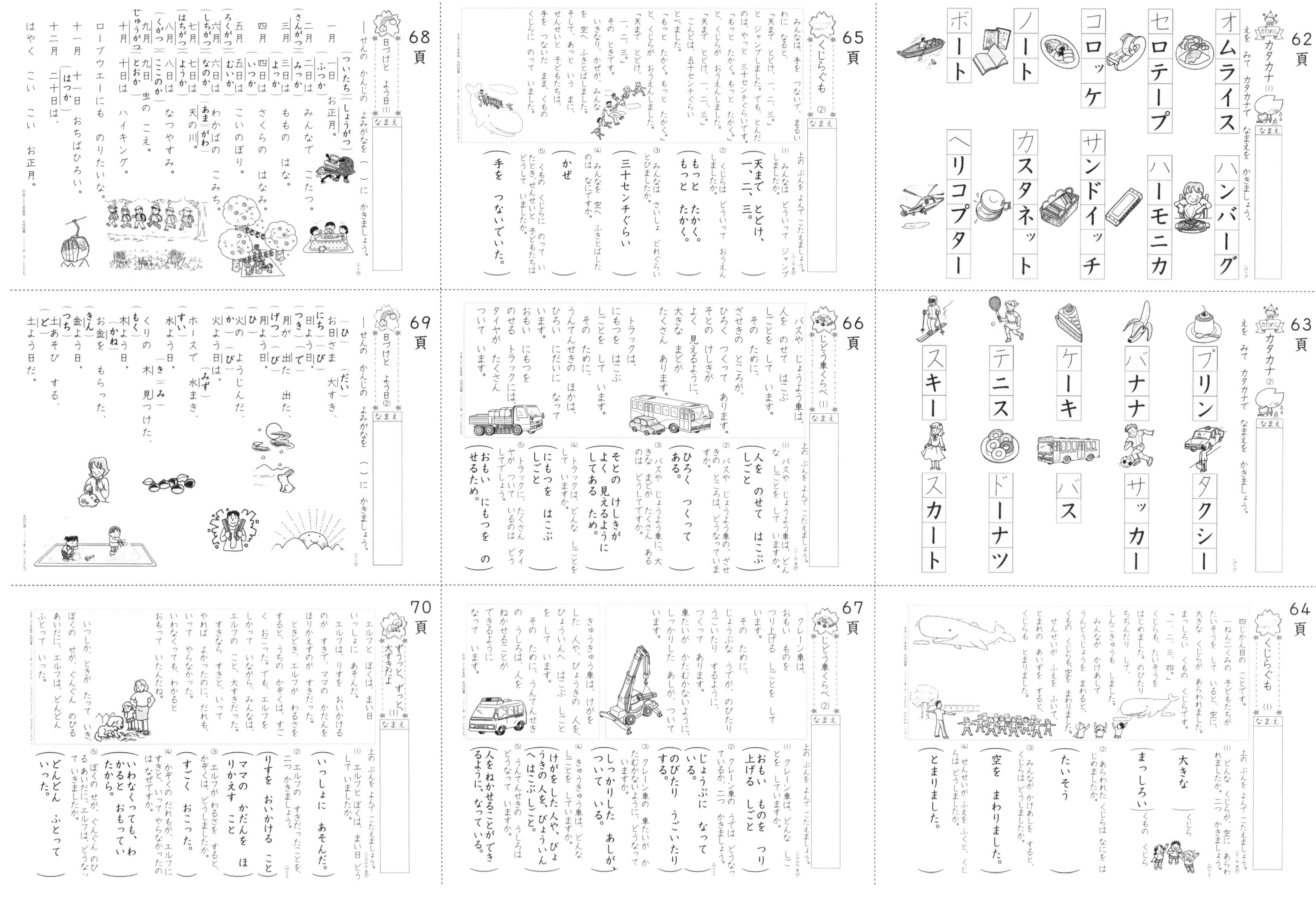

62頁
カタカナ (1)
えを みて カタカナで なまえを かきましょう。
なまえ
オムライス
ハンバーグ
セロテープ
ハーモニカ
コロッケ
サンドイッチ
ノート
カスタネット
ボート
ヘリコプター

63頁
カタカナ (2)
えを みて カタカナで なまえを かきましょう。
なまえ
プリン
タクシー
バナナ
サッカー
ケーキ
バス
テニス
ドーナツ
スキー
スカート

64頁
くじらぐも (1)
なまえ
四じかん目の ことです。一ねん二くみの 子どもたちが たいそうを して いると、空に、大きな くじらが あらわれました。まっしろい くもの くじらです。「一、二、三、四。」くじらも、たいそうを はじめました。のびたり ちぢんだり して、しんこきゅうも しました。みんなが かけあしで うんどうじょうを まわると、くもの くじらも、空を まわりました。せんせいが ふえを ふいて、とまれの あいずを すると、くじらも とまりました。

上の ぶんを よんで こたえましょう。
(1) どんな くじらが、空に あらわれましたか。二つ かきましょう。
（大きな）くじら
（まっしろい）くもの くじら
(2) あらわれた くじらは なにを はじめましたか。
（たいそう）
(3) みんなが かけあしを すると、くじらは どうしましたか。
（空を まわりました。）
(4) せんせいが ふえを ふくと、くじらは どうしましたか。
（とまりました。）

65頁
くじらぐも (2)
なまえ
みんなは、手を つないで、まるい わに なると、「天まで とどけ、一、二、三。」と ジャンプしました。でも、とんだのは、やっと 三十センチぐらいです。「もっと たかく。もっと たかく。」と、くじらが おうえんしました。「天まで とどけ、一、二、三。」こんどは、五十センチぐらい とべました。「もっと たかく。もっと たかく。」と、くじらが おうえんしました。「天まで とどけ、一、二、三。」その ときです。いきなり、かぜが、みんなを 空へ ふきとばしました。そして、あっと いう まに、せんせいと 子どもたちは、手を つないだ まま、くもの くじらに のって いました。

上の ぶんを よんで こたえましょう。
(1) みんなは どういって ジャンプしましたか。
（天まで とどけ、一、二、三。）
(2) くじらは どういって おうえんしましたか。
（もっと たかく。もっと たかく。）
(3) みんなは さいしょ どれぐらい とびましたか。
（三十センチぐらい）
(4) みんなを 空へ ふきとばしたのは なにですか。
（かぜ）
(5) くもの くじらに のって いたとき、せんせいと 子どもたちは どうして いましたか。
（手を つないでいた。）

66頁
じどう車くらべ (1)
なまえ
バスや じょうよう車は、人を のせて はこぶ しごとを して います。その ために、ざせきの ところが、ひろく つくって あります。そとの けしきが よく 見えるように、大きな まどが たくさん あります。
トラックは、にもつを はこぶ しごとを して います。その ために、うんてんせきの ほかは、ひろい にだいに なって います。おもい にもつを のせる トラックには、タイヤが たくさん ついて います。

上の ぶんを よんで こたえましょう。
(1) バスや じょうよう車は、どんな しごとを して いますか。
（人を のせて はこぶ しごと）
(2) バスや じょうよう車の、ざせきの ところは、どうなって いますか。
（ひろく つくって ある。）
(3) バスや じょうよう車に、大きな まどが たくさん あるのは どうしてですか。
（そとの けしきが よく 見えるように して あるため。）
(4) トラックは、どんな しごとを して いますか。
（にもつを はこぶ しごと）
(5) トラックに、たくさん タイヤが ついて いるのは どうしてでしょう。
（おもい にもつを のせるため。）

67頁
じどう車くらべ (2)
なまえ
クレーン車は、おもい ものを つり上げる しごとを して います。その ために、じょうぶな うでが、のびたり うごいたり するように、つくって あります。車たいが かたむかないように、しっかりした あしが、ついて います。
きゅうきゅう車は、けがを した 人や、びょうきの 人を、びょういんへ はこぶ しごとを して います。その ために、うんてんせきの うしろは、人を ねかせることが できるように なって います。

上の ぶんを よんで こたえましょう。
(1) クレーン車は、どんな しごとを して いますか。
（おもい ものを つり上げる しごと）
(2) クレーン車の うでは どうなって いるか、二つ かきましょう。
（じょうぶに なって いる。）
（のびたり うごいたり する。）
(3) クレーン車の 車たいが かたむかないように、どうなって いますか。
（しっかりした あしが、ついて いる。）
(4) きゅうきゅう車は、どんな しごとを して いますか。
（けがを した 人や、びょうきの 人を、びょういんへ はこぶ しごと。）
(5) うんてんせきの うしろは どうなって いますか。
（人を ねかせることが できるように、なって いる。）

68頁
日づけと よう日 (1)
なまえ
ーせんの かんじの よみがなを（　）に かきましょう。
一月 一日（ついたち） お正月（しょうがつ）。
二月（にがつ） 二日（ふつか） みんなで こたつ。
三月（さんがつ） 三日（みっか） ももの はな。
四月 四日（よっか） さくらの はなみ。
五月（ごがつ） 五日（いつか） こいのぼり。
六月（ろくがつ） 六日（むいか） わかばの こみち。
七月（しちがつ） 七日（なのか） 天の川（あまのがわ）。
八月（はちがつ） 八日（ようか） なつやすみ。
九月（くがつ） 九日（ここのか） 虫の こえ。
十月（じゅうがつ） 十日（とおか） ハイキング。
ロープウエーにも のりたいな。
十一月 十一日 おちばひろい。
十二月 二十日（はつか）は、
はやく こい こい お正月。

69頁
日づけと よう日 (2)
なまえ
ーせんの かんじの よみがなを（　）に かきましょう。
日（にち）よう日（び）、お日（ひ）さま 大（だい）すき、
月（げつ）よう日、月（つき）が 出（で）た 出た、
火（か）よう日、火（ひ）の ようじんだ、
水（すい）よう日、ホースで 水（みず）まき、
木（もく）よう日、くりの 木（き）見つけた、
金（きん）よう日、お金（かね）を もらった、
土（ど）よう日、土（つち）あそび する、
土よう日だ。

70頁
ずうっと、ずっと、大すきだよ (1)
なまえ
エルフと ぼくは、まい日 いっしょに あそんだ。エルフは、りすを おいかけるのが すきで、ママの かだんを ほりかえすのが すきだった。ときどき、エルフが わるさを すると、うちの かぞくは、すごく おこった。でも、エルフを しかって いながら、みんなは、エルフの こと、大すきだった。すきなら すきと、いって やれば よかったのに、だれも、いって やらなかった。いわなくっても、わかると おもって いたんだね。
いつしか、ときが たって いき、ぼくの せが、ぐんぐん のびる あいだに、エルフは、どんどん ふとって いった。

上の ぶんを よんで こたえましょう。
(1) エルフと ぼくは、まい日 どうして いましたか。
（いっしょに あそんだ。）
(2) エルフの すきだったことを、二つ かきましょう。
（りすを おいかける こと）
（ママの かだんを ほりかえす こと）
(3) エルフが わるさを すると、かぞくは、どうしましたか。
（すごく おこった。）
(4) かぞくの だれもが、エルフに すきと、いって やらなかったのは なぜですか。
（いわなくっても、わかると おもっていたから。）
(5) ぼくの せが、ぐんぐん のびる あいだに、エルフは、どうなって いきましたか。
（どんどん ふとって いった。）

※　物語文や説明文の答えは、文意があっていれば、〇をして下さい。

71頁

ずうっと、ずっと、大すきだよ (2)　なまえ

エルフは、としを とって、ねて いる ことが おおく なり、さんぽを いやがるように なった。

ぼくたちは、とても しんぱいした。

ぼくたちは、エルフを じゅういさんに つれて いった。でも、じゅういさんにも、できる ことは なにも なかった。

「エルフは、としを とったんだよ。」

じゅういさんは、そう いった。

まもなく、エルフは、かいだんも 上れなく なった。でも、エルフは、ぼくの へやで ねなくちゃ いけないんだ。

ぼくは、エルフに やわらかい まくらを やって、ねる まえには、かならず、「エルフ、ずうっと、大すきだよ。」って、いって やった。エルフは、きっと わかって くれたよね。

上の ぶんを よんで こたえましょう。
(1) としを とった エルフは どうなりましたか。二つ かきましょう。
（ねて いる ことが おおく なった。）

（さんぽを いやがるように なった。）
(2) としを とった エルフを、ぼくは どう おもって いましたか。
（とても しんぱいした。）
(3) じゅういさんは なんと いいましたか。
（エルフは、としを とったんだよ。）
(4) ねるとき ぼくが、エルフに してやったことを 二つ かきましょう。
（やわらかい まくらを やった。）

（「エルフ、ずうっと、大すきだよ。」って、いって やった。）

72頁

サラダで げんき (1)　なまえ

「あっ、そうだわ。おいしい サラダを つくって あげよう。げんきに なる サラダを つくって あげよう。」

りっちゃんは、れいぞうこを あけて 中を のぞきました。

りっちゃんは、サラダを つくりはじめました。きゅうりを トン トン トン、キャベツは シャ シャ シャキ、トマトも ストン トン トンと きって、大きな おさらに のせました。

すると、のらねこが、のっそり 入って きて いいました。

「サラダに かつおぶしを 入れると いいですよ。すぐに げんきに なりますよ。木のぼりだって じょうずに なりますよ。ねこみたいにね。」

「おしえて くれて ありがとう。」

りっちゃんは、さっそく かつおぶしを サラダに かけました。

上の ぶんを よんで こたえましょう。
(1) りっちゃんは、どんな サラダを つくって あげようと おもいましたか。二つ かきましょう。
（おいしい サラダ）

（げんきに なる サラダ）
(2) りっちゃんは、なにを つかって サラダを つくりはじめましたか。三つ かきましょう。
（きゅうり）（キャベツ）（トマト）
(3) のらねこが、サラダに 入れると いいと いった ものは なにですか。
（かつおぶし）
(4) のらねこの いったものを サラダに 入れると どうなるので しょう。二つ かきましょう。
（すぐに げんきに なる。）

（木のぼり だって じょうずに なる。）

73頁

サラダで げんき (2)　なまえ

とつぜん、キューン、ゴー ゴー、キューと いう おとが して、ひこうきが とまると、アフリカぞうが せかせかと おりて きました。

「まにあって よかった よかった。ひとつ おてつだいしましょう。」

「ありがとう。でも、もう できあがったの。」

りっちゃんは いいました。

「いや いや、これからが ぼくの しごと。」

アフリカぞうは、サラダに あぶらと しおと すを かけると、スプーンを はなで にぎって、カづよく くりん くりんと まぜました。

「おかあさん、さあ、いっしょに サラダを いただきましょう。」

と、りっちゃんは いいました。

りっちゃんの おかあさんは、サラダを たべて、たちまち げんきに なりました。

上の ぶんを よんで こたえましょう。
(1) アフリカぞうは なにから おりて きましたか。
（ひこうき）
(2) アフリカぞうが おてつだいして くれた ことを かきましょう。
① アフリカぞうが サラダに かけたものを 三つ かきましょう。
（あぶら）（しお）（す）
② アフリカぞうは なにを つかって どんなことを しましたか。
（スプーンを はなで にぎって、カづよく くりん くりんと まぜた。）
(3) りっちゃんの おかあさんは、サラダを たべて、どうなりましたか。
（たちまち げんきに なった。）

74頁

いろいろな ふね (1)　なまえ

ふねには、いろいろな ものが あります。

きゃくせんは、たくさんの 人を はこぶ ための ふねです。

この ふねの 中には、きゃくしつや しょくどうが あります。

人は、きゃくしつで やすんだり、しょくどうで しょくじを したり します。

上の ぶんを よんで こたえましょう。
(1) きゃくせんは、なにを する ための ふねですか。
（たくさんの 人を はこぶ ため。）
(2) きゃくせんの 中に ある ものを 二つ かきましょう。
（きゃくしつ）（しょくどう）
(3) つぎの ばしょで、人は なにを しますか。
① きゃくしつ（やすむ）
② しょくどう（しょくじ）

75頁

いろいろな ふね (2)　なまえ

フェリーボートは、たくさんの 人と じどう車を いっしょに はこぶ ための ふねです。
この ふねの 中には、きゃくしつや 車を とめて おく ところが あります。
人は、車を ふねに 入れてから、きゃくしつで やすみます。
ぎょせんは、さかなを とる ための ふねです。
この ふねは、さかなの むれを 見つける きかいや、あみを つんで います。
見つけた さかなを あみで とります。

上の ぶんを よんで こたえましょう。
(1) フェリーボートは、なにを する ための ふねですか。
（たくさんの 人と じどう車を いっしょに はこぶ。）
(2) フェリーボートの 中には、どんな ところが ありますか。二つ かきましょう。
（きゃくしつ）（車を とめて おく ところ）
(3) ぎょせんは、なにを する ための ふねですか。
（さかなを とる）
(4) ぎょせんに つんで いる ものを 二つ かきましょう。
（さかなの むれを 見つける きかい）（あみ）

76頁

てんとうむし　なまえ

てんとうむし　かわさき ひろし

てんとうむし
いっぴきでも
てんとうむしだよ
ちいさくても
ぞうと おなじ いのちを
いっこ もって いる
ぼくを みつけたら
こんにちはって いってね
そしたら ぼくも
てんとうむしの ことばで
こんにちはって いうから
きみには きこえないけど

上の しを よんで こたえましょう。
(1) てんとうむしは、ぞうと くらべると、どんな いきものですか。
（とても ちいさい。）
(2) てんとうむしと ぞうの りょうほうが もっている ものは なにですか。
（いっこの いのち）
(3) 「ぼく」と いって いるのは てんとうむしですか、ぞうですか。どちらでしょう。
（てんとうむし）
(4) てんとうむしは、なにを して ほしいと いって いますか。
（みつけたら「こんにちは」と いって ほしい。）
(5) 「きみには きこえないけど」と いう てんとうむしの きもちに あてはまる ものに ひとつ ○を しましょう。
（　）きこえないから、きが ついてくれなくても いいよ。

（○）きこえなくても、「こんにちは」と いって いる ことを わかってね。

（　）てんとうむしの ことばを べんきょうしてね。
(6) 「ぼく」は「きみ」と どうしたいと おもって いるのか、あてはまる ものに ぜんぶ ○を しましょう。
（○）なかよく なりたい。

（○）たくさん おしゃべりしたい。

（　）きょうそう したい。

77頁

かたちの にて いる かん字　なまえ

かたちの にて いる かん字に 気を つけて、よみがなに あう かん字を □に かきましょう。

右手で 石を ひろう。
貝を 見つけた。
たくさんの 人が 入って いく。
木の かげで 本を よむ。
大きな 犬が きた。
王さまの たからの 玉
土の 上を あるいたら、足を 虫に さされた。
学こうで 字を ならう。
早く おきて 草とりを する。

78頁

ものの 名まえ (1)　なまえ

けんじさんは、夕がた、おねえさんと 町へ かいものに いきました。

はじめの おみせには、りんご、みかん、バナナなどが、ならんで います。ふたりは、五百円で りんごを かいました。

この おみせは、なにやさんでしょう。

つぎに、さかなやさんに いきました。あじ、さば、たいなどが、ならんで います。

けんじさんは、

「さかなを ください。」

と いって、千円さつを 出しました。お店の おじさんは、

「さかなじゃ わからないよ。」

と、わらいながら いいました。

おじさんは、なぜ「わからないよ。」と いったのでしょう。

上の ぶんを よんで こたえましょう。
(1) はじめの おみせには、どんな ものが ならんで いましたか。
（りんご）（みかん）（バナナ）
(2) はじめの おみせは、なにやさんでしょう。
（くだものやさん）
(3) つぎに いった おみせは、なにやさんでしょう。
（さかなやさん）
(4) つぎの おみせには、どんな ものが ならんで いましたか。
（あじ）（さば）（たい）
(5) おじさんは、なぜ「わからないよ。」と いったのでしょう。
（さかなだけでは、どの さかなか わからないから。）

79頁

ものの 名まえ (2)　なまえ

ものには、一つ一つに 名まえが ついて います。りんご、みかん、バナナなどは、一つ一つの 名まえです。

一つ一つの ものを、まとめて つけた 名まえも あります。

りんご、みかん、バナナなどを まとめて つけた 名まえは、くだものです。

さかなも、まとめて つけた 名まえです。一つ一つを わけて いう ときには、あじ、さば、たいなどと、一つ一つの 名まえを つかいます。

上の ぶんを よんで こたえましょう。
(1) つぎの 名まえのうち、一つ一つの ものに ついた 名まえ 六つに ○を しましょう。
（○）あじ（○）みかん
（　）さかな（　）くだもの
（○）たい（○）さば
（○）バナナ（○）りんご
(2) つぎの ものを、まとめて つけた 名まえは なんですか。
① りんご、みかん、バナナなど（くだもの）
② あじ、さば、たいなど（さかな）

※　物語文や説明文の答えは、文意があっていれば、○をして下さい。

80頁

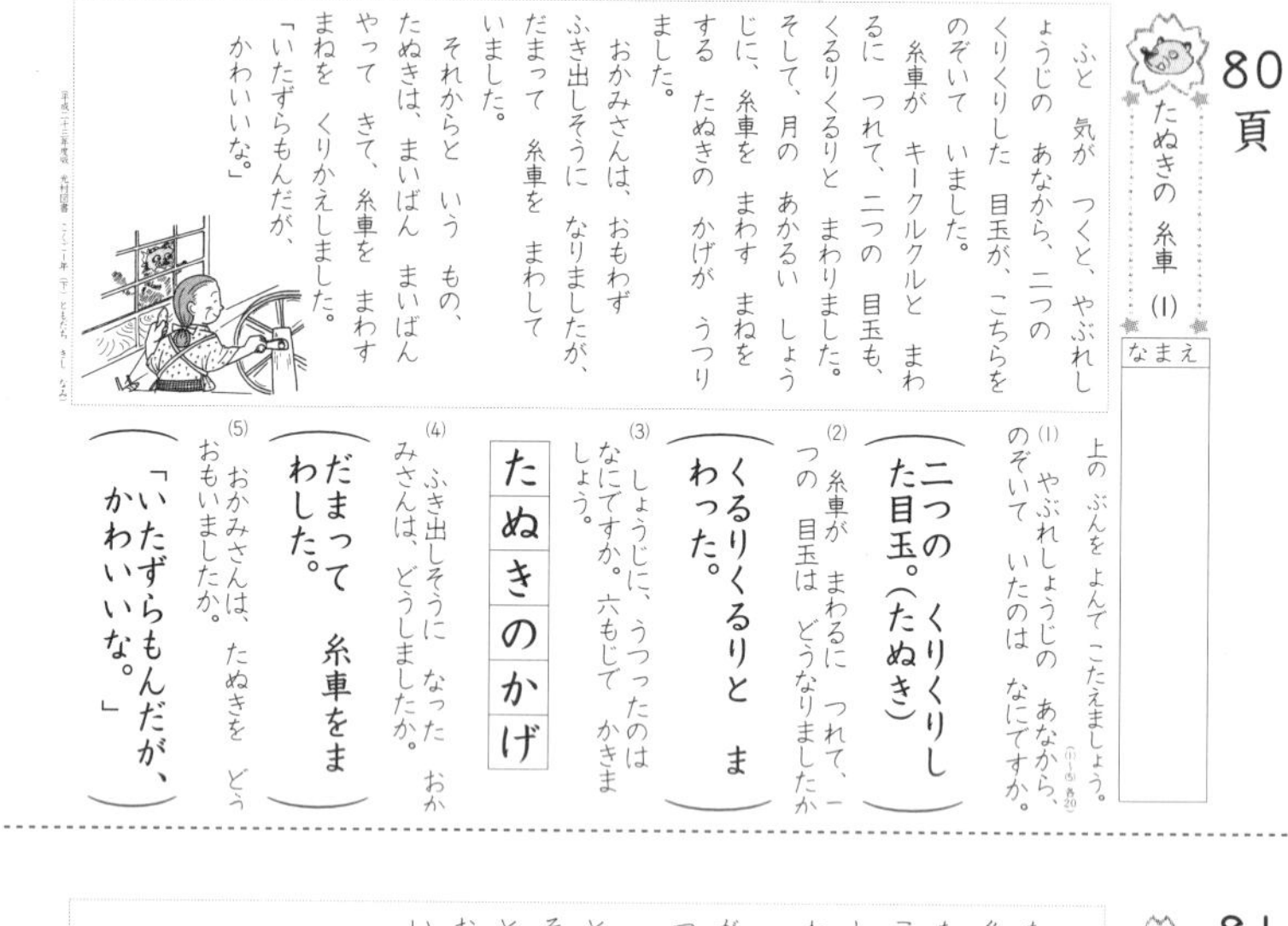

たぬきの　糸車　(1)

なまえ

ふと　気が　つくと、やぶれしょうじの　あなから、二つの　くりくりした　目玉が、こちらを　のぞいて　いました。

糸車が　キークルクルと　まわるに　つれて、二つの　目玉も、くるりくるりと　まわりました。そして、月の　あかるい　しょうじに、糸車を　まわす　まねを　する　たぬきの　かげが　うつりました。

おかみさんは、おもわず　ふき出しそうに　なりましたが、だまって　糸車を　まわして　いました。

それからと　いう　もの、たぬきは、まいばん　まいばん　やって　きて、糸車を　まわす　まねを　くりかえしました。

「いたずらもんだが、かわいいな。」

上の　ぶんを　よんで　こたえましょう。

(1) やぶれしょうじの　あなから、のぞいて　いたのは　なにですか。
（二つの　くりくりした目玉。（たぬき））

(2) 糸車が　まわるに　つれて、二つの　目玉は　どうなりましたか。
（くるりくるりと　まわった。）

(3) しょうじに、うつったのは　なにですか。六もじで　かきましょう。
【た】【ぬ】【き】【の】【か】【げ】

(4) ふき出しそうに　なった　おかみさんは、どうしましたか。
（だまって　糸車をまわした。）

(5) おかみさんは、たぬきを　どう　おもいましたか。
（「いたずらもんだが、かわいいな。」）

81頁

たぬきの　糸車　(2)

なまえ

そっと　のぞくと、いつかの　たぬきが、じょうずな　手つきで、糸を　つむいで　いるのでした。たぬきは、つむぎおわると、こんどは、いつも　おかみさんが　して　いた　とおりに、たばねて　わきに　つみかさねました。

たぬきは、ふいに、おかみさんが　のぞいて　いるのに　気が　つきました。

たぬきは、ぴょこんと　そとに　とび下りました。そして、うれしくて　たまらないと　いうように、ぴょんぴょこ　おどりながら　かえって　いきましたとさ。

上の　ぶんを　よんで　こたえましょう。

(1) そっと　のぞいたのは、だれですか。
（おかみさん）

(2) そっと　のぞくと、たぬきは　なにを　していましたか。
（じょうずな　手つきで、糸を　つむいで　いた。）

(3) たぬきは　つむぎおわると、なにを　しましたか。
（糸を　たばねて　わきに　つみかさねた。）

(4) おかみさんが　のぞいて　いるのに　気が　ついた　たぬきは　どうしましたか。
（そとに　とび下りた。）

(5) たぬきは　どんな　ようすで　かえって　いきましたか。
（うれしくてたまらない）と　いうように、ぴょんぴょこ（おどりながら）かえって　いきましたとさ。

82頁

なまえ

大	犬	一	字	正	見	山

二	三	四	五	六	七	八	九	十	車	人	子	空	右	男	女	手	天
水	雨	上	下	文	月	田	日	川	竹	林	森	木	学	校	虫	目	口

83頁

ろくべえ　まってろよ　(1)

なまえ

ろくべえが　まるく　なって　しまったので、みんな、しんぱいに　なって　きました。

「ろくべえ。」

よびかけても、ろくべえは、ちょっと　目を　上げるだけです。

「ろくべえ。げん気　出しい。」

えいじくんは、そう　いって、「どんぐりころころ」の　うたを　うたいました。

「もっと　けいきの　ええ　うたを　うたわな　あかん。」

かんちゃんは、おとなのような　ことを　いって、「おもちゃの　チャチャチャ」を　うたいだしました。

みんなも　うたいました。

ろくべえは、やっぱり、ちょっと　目を　上げただけです。

「ろくべえは、シャボン玉が　すきでしょ。シャボン玉を　ふいて　あげたら、げん気が　出るかも……。」

みすずちゃんが、やさしい　こえで　いいました。

上の　ぶんを　よんで　こたえましょう。

(1) みんなが、しんぱいに　なってきたのは　どうしてですか。
（ろくべえが　まるく　なって　しまったから。）

(2) 「ろくべえ。」と　よびかけられた　ろくべえは、どうしましたか。
（ちょっと　目を　上げるだけ。）

(3) みんなも　うたを　うたったのは　どうしてですか。
（ろくべえに　げん気を出して　もらおうと　おもったから。）

(4) みんなの　うたを　きいて　ろくべえは、どうしましたか。
（ちょっと　目を　上げただけ。）

(5) ろくべえに　げん気を　出して　もらうために、みすずちゃんが　かんがえたことは　なんでしょう。
（シャボン玉を　ふいて　あげる。）

84頁

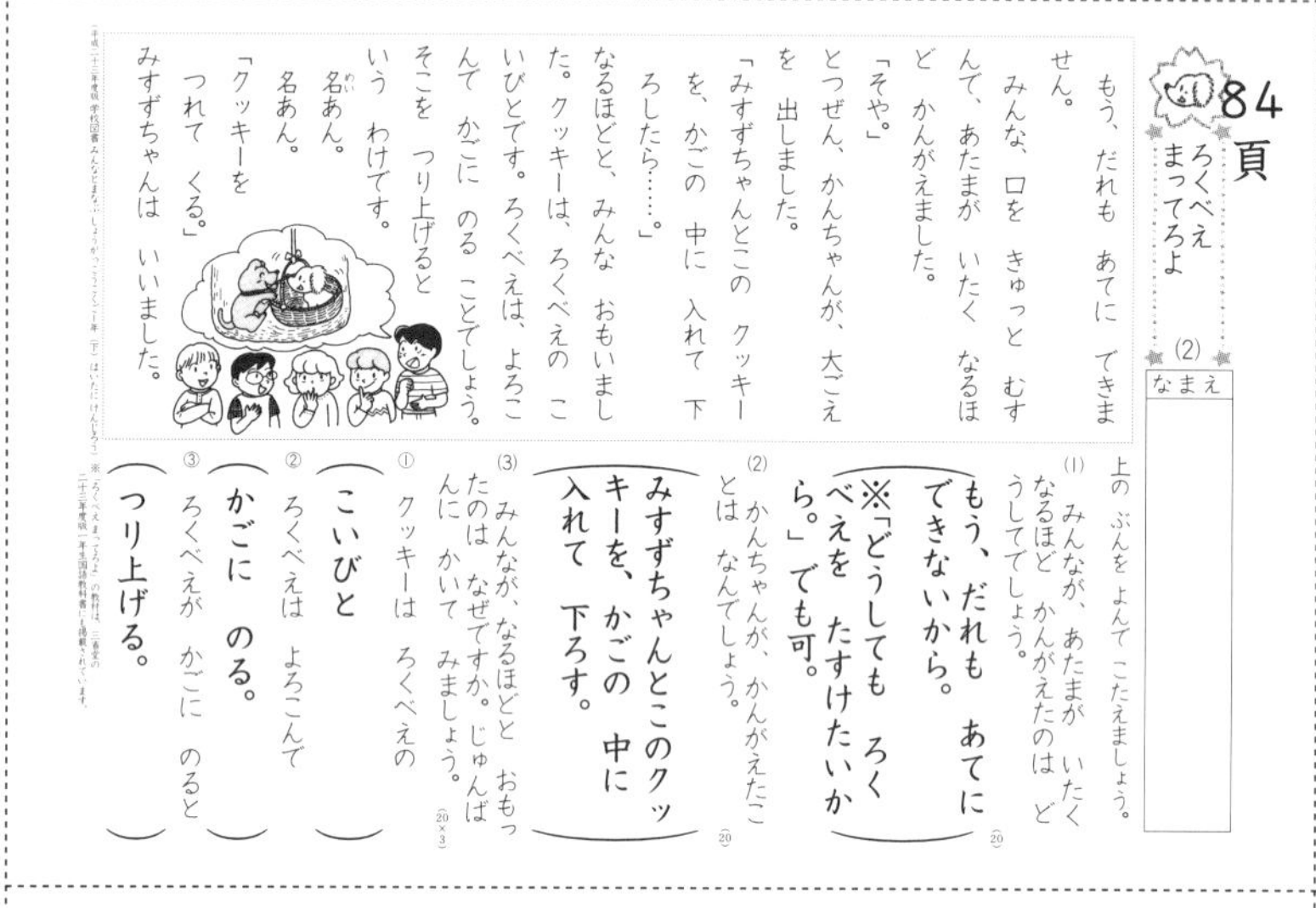

ろくべえ　まってろよ　(2)

なまえ

もう、だれも　あてに　できません。

みんな、口を　きゅっと　むすんで、あたまが　いたく　なるほど　かんがえました。

「そや。」

とつぜん、かんちゃんが、大ごえを　出しました。

「みすずちゃんとこの　クッキーを、かごの　中に　入れて　下ろしたら……。」

なるほどと、みんな　おもいました。クッキーは、ろくべえの　こいびとです。ろくべえは、よろこんで　かごに　のる　ことでしょう。そこを　つり上げると　いう　わけです。

名あん。名あん。

「クッキーを　つれて　くる。」

みすずちゃんは　いいました。

上の　ぶんを　よんで　こたえましょう。

(1) みんなが、あたまが　いたく　なるほど　かんがえたのは　どうしてでしょう。
（もう、だれも　あてに　できないから。　※「どうしても　ろくべえを　たすけたいから。」でも可。）

(2) かんちゃんが、かんがえたことは　なんでしょう。
（みすずちゃんとこのクッキーを、かごの　中に　入れて　下ろす。）

(3) みんなが、なるほどと　おもったのは　なぜですか。じゅんばんに　かいて　みましょう。
① クッキーは　ろくべえの（こいびと）
② ろくべえは　よろこんで（かごに　のる。）
③ ろくべえが　かごに　のると（つり上げる。）

※「ろくべえまってろよ」の教材は、三省堂の二十三年度版一年生国語教科書にも掲載されています。

85頁

どうぶつの　赤ちゃん　(1)

なまえ

ライオンの　赤ちゃんは、じぶんでは　あるく　ことが　できません。よそへ　いく　ときは、おかあさんに、口に　くわえて　はこんで　もらうのです。

ライオンの　赤ちゃんは、生まれて　二か月ぐらいは、おちちだけ　のんで　いますが、やがて、おかあさんの　とった　えものを　たべはじめます。一年ぐらい　たつと、おかあさんや　なかまが　するのを　見て、えものの　とりかたを　おぼえます。そして、じぶんで　つかまえて　たべるように　なります。

上の　ぶんを　よんで　こたえましょう。

(1) 生まれたばかりの　ライオンの赤ちゃんは、あるくことが　できますか。
（できません。）

(2) ライオンの　赤ちゃんは、よそへ　いく　ときは　どうしますか。
（おかあさんに、口に　くわえて　はこんで　もらう。）

(3) ライオンの　赤ちゃんが　おちちだけ　のんで　いるのは、どれぐらいの　あいだですか。
（生まれて　二か月ぐらい）

(4) ライオンの　赤ちゃんが　えものの　とりかたを　おぼえるのは　生まれて　どれぐらい　たってからですか。
（一年ぐらい）

(5) ライオンの　赤ちゃんは、えものの　とりかたを　どのようにして　おぼえますか。
（おかあさんや　なかまが　するのを　見て、おぼえる。）

86頁

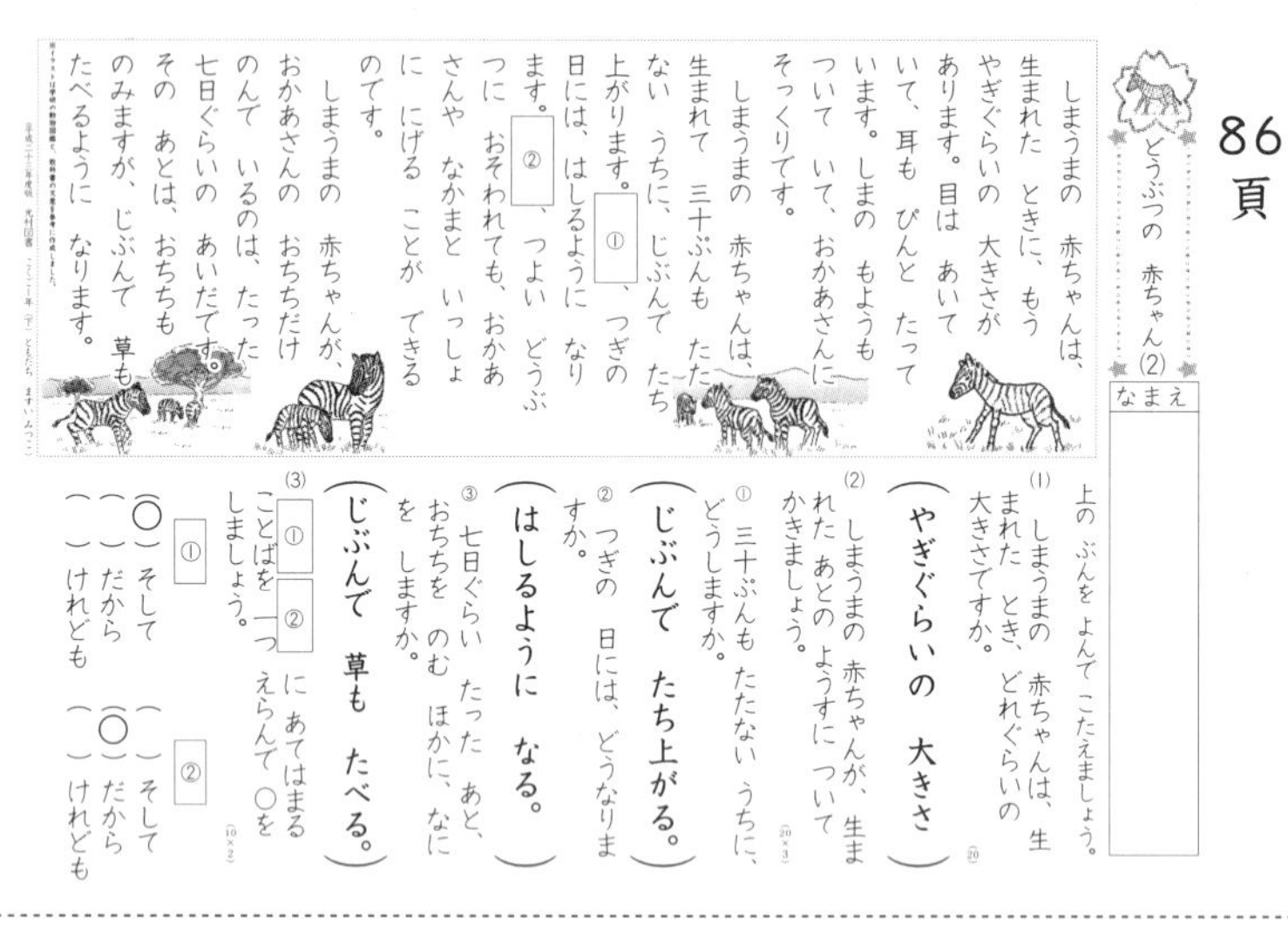

どうぶつの　赤ちゃん　(2)

なまえ

しまうまの　赤ちゃんは、生まれた　ときに、もう　やぎぐらいの　大きさが　あります。目は　あいて　いて、耳も　ぴんと　たって　います。しまの　もようも　ついて　いて、おかあさんに　そっくりです。

しまうまの　赤ちゃんは、生まれて　三十ぷんも　たたない　うちに、じぶんで　たち上がります。【①】、つぎの　日には、はしるように　なります。【②】、つよい　どうぶつに　おそわれても、おかあさんや　なかまと　いっしょに　にげる　ことが　できるのです。

しまうまの　赤ちゃんが、おかあさんの　おちちだけ　のんで　いるのは、たった　七日ぐらいの　あいだです。その　あとは、おちちも　のみますが、じぶんで　草も　たべるように　なります。

上の　ぶんを　よんで　こたえましょう。

(1) しまうまの　赤ちゃんは、生まれた　とき、どれぐらいの　大きさですか。
（やぎぐらいの　大きさ）

(2) しまうまの　赤ちゃんが、生まれた　あとの　ようすに　ついて　かきましょう。
① 三十ぷんも　たたない　うちに、どうしますか。
（じぶんで　たち上がる。）
② つぎの　日には、どうなりますか。
（はしるように　なる。）
③ 七日ぐらい　たった　あと、おちちを　のむ　ほかに、なにを　しますか。
（じぶんで　草も　たべる。）

(3) 【①】【②】に　あてはまる　ことばを　一つ　えらんで　○を　しましょう。
【①】（○）そして　（　）だから　（　）けれども
【②】（　）そして　（○）だから　（　）けれども

87頁

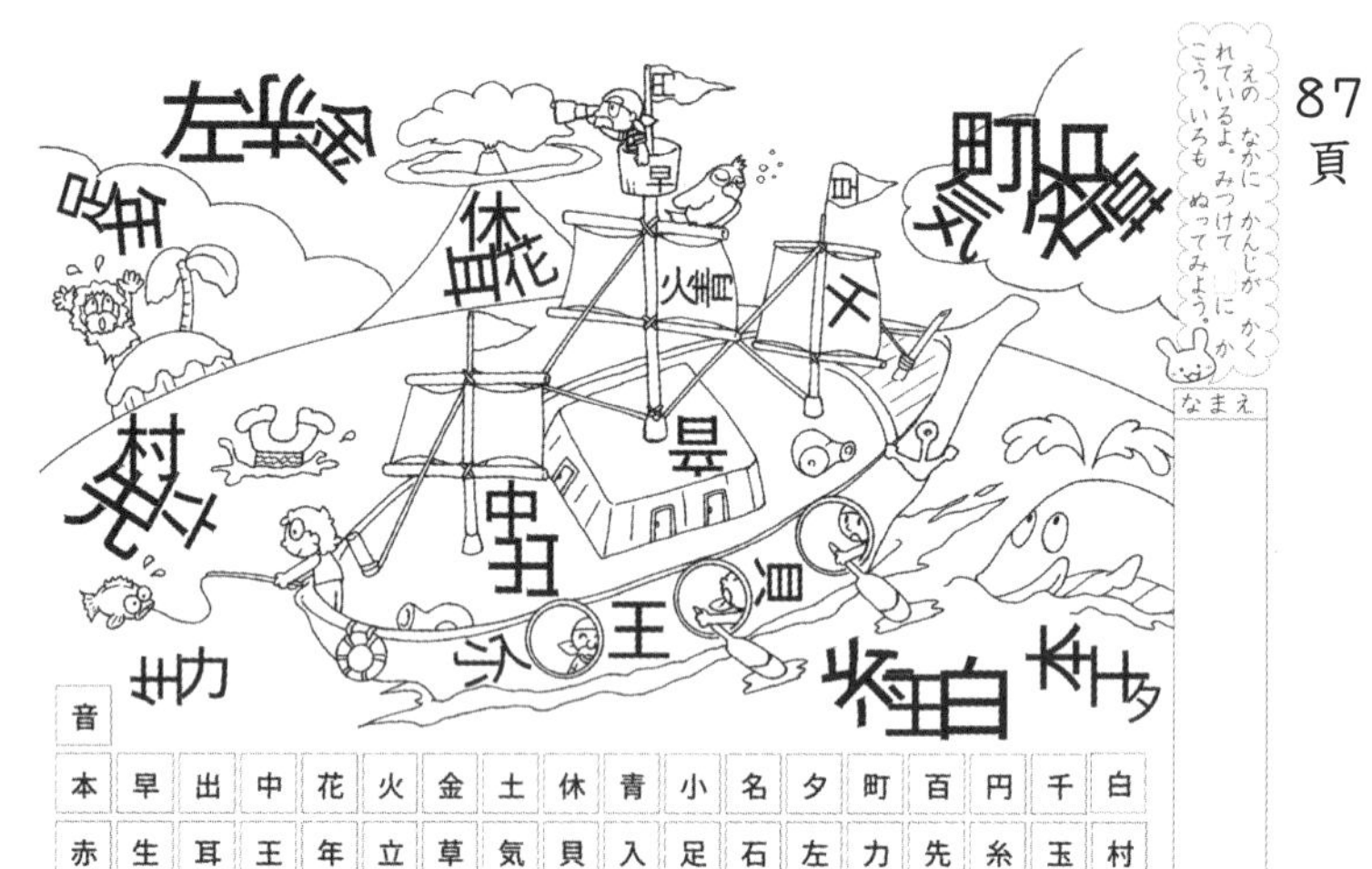

なまえ

音

本	早	出	中	花	火	金	土	休	青	小	名	夕	町	百	円	千	白
赤	生	耳	王	年	立	草	気	貝	入	足	石	左	力	先	糸	玉	村

改訂版 豊かな読解力がつく国語プリント 一年生

2006年4月2日　初版　第1刷発行
2010年7月7日　初版　第10刷発行
2012年4月2日　改訂版　第1刷発行

著者　　　　　：安立　聖　樫木　マサ子　他4名による共著
企画・編集　　：原田　善造
表紙・本文イラスト：山口　亜耶　漢字あそびイラスト：新浜　ゆりね

発行者：岸本 なおこ
発行所：喜楽研（わかる喜び学ぶ楽しさを創造する教育研究所）
〒604-0827 京都市中京区高倉通二条下ル瓦町543-1
TEL：075-213-7701　FAX：075-213-7706
印刷：株式会社イチダ写真製版

ISBN：978-4-86277-108-7　　★★★★★★★